新创企业持续竞争优势研究

杨 波 著

中国商业出版社

图书在版编目（CIP）数据

新创企业持续竞争优势研究/杨波著. —北京：
中国商业出版社，2015.8
ISBN 978-7-5044-8986-9

Ⅰ. ①新… Ⅱ. ①杨… Ⅲ. ①企业竞争-研究
Ⅳ. ①F270

中国版本图书馆 CIP 数据核字（2015）第 118719 号

责任编辑：蔡凯

中国商业出版社出版发行
010-63180647 www.c-cbook.com
（100053 北京广安门内报国寺 1 号）
新华书店总店北京发行所经销
涿州市华建印刷有限公司印刷
* * * *
开本：710×1000 毫米 1/16 印张：10 字数：240 千字
2015 年 8 月第 1 版 2015 年 8 月第 1 次印刷

定价：26.80 元
* * * *
（如有印装质量问题可更换）

摘　要

　　企业都希望能够拥有持续竞争优势，成为百年老店，基业长青。但事实上很少有企业能实现这一愿望而长盛不衰。新创企业更是因为存在"新创立劣势"而很难在市场竞争中与成熟企业抗争而获得竞争优势，从而普遍存在低存活率与低成长性现象。因此，新创企业如何在动态的市场竞争中生存与发展，克服"新创立劣势"，实现持续竞争优势，成为创业者和学者们共同关注且亟须解决的重要问题。

　　在现有对企业竞争优势的研究中，资源、知识、能力、战略都被认为是竞争优势的来源，但其相互之间作用的关系和机理则是模糊不清的，是否适用于新创企业也不得而知。因此，本书针对新创企业的特点，整合知识基础理论、能力基础理论、竞争战略理论，从知识、能力、战略三重视角来深入探究新创企业竞争优势的形成机理和形成路径，以打开新创企业竞争优势的"理论黑箱"，促进企业竞争优势理论的丰富和创业研究的发展。本书主要研究了以下四个问题：①新创企业的知识、能力和战略是否影响其竞争优势？②新创企业的知识、能力和战略如何影响其竞争优势？③新创企业的知识、能力和战略之间是如何相互影响的？④新创企业应通过什么样的路径和方式获取并保持竞争优势？

　　本书在文献研究的基础上对知识、能力、战略、竞争优势等变量的内涵加以界定，并对它们进行了维度划分，构建了各变量间相互作用关系的理论模型。在理论分析的基础上提出了相关假设，主要包括：知识对竞争优势的影响假设；能力对竞争优势的影响假设；战略对竞争优势的影响假设；知识对能力的影响假设；知识对战略的影响假设；能力对战略的影响假设。综合国内外研究，将新创企业界定为成立 8 年以内的企业。笔者以重庆市的新创企业为研究对象进行调研，共得到 238 份有效问卷。综合运用验证性因子分析（CFA）、探索性因子分析（EFA）和结构方程（SEM）模型等方法对调研的数据进行分析与处理，并对所提出的假设进行逐一验证，笔者本书发现：

①知识、能力和战略都是影响新创企业竞争优势的重要因素，都对新创企业竞争优势产生直接或者间接的显著影响。

②在知识、能力、战略三要素中，战略对竞争优势产生直接正向影响，知识和能力不对竞争优势产生直接正向影响，而是通过战略对竞争优势产生间接影响。

③在知识、能力、战略的相互作用中，能力对战略产生直接正向影响，知识不对战略产生直接正向影响，而是通过能力对战略产生间接影响。

④新创企业竞争优势的形成路径为知识→能力→战略→竞争优势，新创企业可采取知识管理→能力演进→战略竞争→竞争优势的模式争取并保持竞争优势。

在实证研究的基础上，本书分析了重庆本土新创企业"莱得快"的成长案例，该公司在成长过程中不断通过知识管理，提升自身能力，采取灵活的竞争战略，不断在市场竞争中获取竞争优势。这一案例研究对本书的研究结论做了进一步的验证说明。

相对于以往研究，本研究的创新之处主要体现在以下几个方面：

①本研究证明了知识和能力并不对竞争优势产生直接影响，而是通过作用于战略对竞争优势产生间接影响，战略对竞争优势产生直接影响。这一研究结论解释了知识、能力、战略等因素是如何对新创企业竞争优势产生影响的，打开了新创企业竞争优势形成的"理论黑箱"，丰富了相关理论，为学术界关于知识、能力、战略到底是直接影响企业竞争优势还是间接影响竞争优势的争论提供了中国情景的实证证据。

②本研究证明知识对能力产生直接正向影响，能力对战略产生直接正向影响，知识通过能力对战略产生间接影响。这一结论印证了能力的知识本质，提供了中国情景的实证证据。同时证明了三者之间的影响路径和作用机理是知识→能力→战略，解释了新创企业的知识与能力是如何对战略产生作用的，丰富了相关理论。

③本研究结论揭示了新创企业竞争优势的形成路径及作用机理为知识→能力→战略→竞争优势，提出了新创企业获取竞争优势的方式为知识管理→能力演进→战略竞争→竞争优势，该研究结果为新创企业如何获取竞争优势提供了较为可行的思路，丰富了新创企业竞争优势理论，促进了创业研究的发展。

本研究的理论和实践贡献在于通过实证研究证明了知识、能力、战略与竞争优势的影响路径和作用机理,打开了新创企业竞争优势形成的"理论黑箱",构建了新创企业获取竞争优势的理论模式,从而在理论上丰富了企业竞争优势理论,促进了创业研究的发展,在实践中能够降低新创企业的高死亡率,促使新创企业持续成长。

关键词:新创企业,竞争优势,知识,能力,结构方程

ABSTRACT

All enterprises want to be able to have a sustainable competitive advantage to last for centuries. In fact, there are few enterprises which can last forever. Because new ventures have the disadvantage on founding time and it is difficult to compete with mature enterprises to obtain a competitive advantage in the market, there are prevalent phenomena with new ventures´low survival rate and low growth rate. Therefore, for new ventures how to survive and develop and how to overcome the " new creation disadvantage" to achieve sustainable competitive advantage becomes an important issue which should be solved, which was concerned by entrepreneur and scholars.

In the study of existing competitive advantage of the enterprise, the resources, knowledge, capacities, strategies are considered to be a source of competitive advantage, and respectively have a positive impact on the competitive advantages, but their mutual interaction relations and the mechanism is unclear, and whether is applicable to new ventures is unknown. Therefore, according to the characteristics of the new venture, this paper integrates the basic theory of knowledge, the basic theory of abilities, and theory of competitive strategy to make knowledge, capacity, strategy, competitive advantage these elements into an overall framework of the system, and from the triple perspective it explores deeply the formation mechanism and formation path of competitive advantage of new ventures to open black box theory of competitive advantage of new ventures, to promote the rich of the theory of competitive advantage and the development of entrepreneurial studies. The paper is concerned about the following four questions: ①Do knowledge, ability and strategic of new venturesome influence its competitive advantage? ②How do the knowledge, ability and strategy of new ventures influence its competitive advantage? ③How do the knowledge, ability and strategy of new ventures influence each other? ④What kind of path and the way do new ventures obtain and maintain its competitive advantage?

Based on the document research, the paper defines the connotation of knowledge, capacity, strategy, competitive advantage and other variables, and it divides these elements by dimensions to build a theoretical model of the interaction relations among every variable. On the basis of theoretical analysis, it proposes correlation assumptions. It includes the assumption of knowledge impacting on competitive advantage; the assumption of the capacity impacting on competitive advantage; the assumption of strategy impacting on the competitive advantage; the assumption of knowledge impacting on the ability; the assumption of knowledge impacting on strategic; and the assumption of the ability impacting on the strategy. This paper has made comprehensive research both at home and abroad, and defined the new ventures which were established within the eight years. As the new ventures of Chongqing conducting research for the study, 238 valid questionnaires were obtained. Integrated use of confirmatory factor analysis (CFA), exploratory factor analysis (EFA) and structural equation modeling (SEM), it analyzes the survey data and does the processing, and verifies the assumption proposed one by one. At last, it obtains the following conclusions:

①The knowledge, capacity and strategy are important factors affecting the competitive advantage of new ventures, and all have made a significant direct or indirect impact on the competitive advantage of new ventures.

②Among the three elements of the knowledge, capacity, strategy, the strategy can make a direct positive impact on competitive advantage, and knowledge and capacity cannot make a direct positive impact on competitive advantage, but make an indirect effect on the competitive advantage by strategy.

③In the interaction of knowledge, capacity, strategy, the capacity have a direct positive impact on the strategy, and the strategy does not have a direct positive impact on knowledge , but have an indirect effect on the strategy by capacity.

④The formation path of the new venture's competitive advantage is knowledge → capacity → strategy → competitive advantage. The enterprises can take the model of knowledge management→capability evolution→strategic competitive →competitive advantage to fight and maintain a competitive advantage.

On the basis of empirical research, this paper analyzes a new native venture in Chongqing, and that is to take " LaiDeKuai" growing case for example. In its growing process, it continuously gains a competitive advantage in competitive market by knowledge management, enhancing their ability and at the same time taking a flexible right competitive strategy. The studies of the case do further verification instructions to the conclusions of this paper.

Compared with the previous research, the innovation points of this study are mainly reflected in the following aspects:

①This study proves that the knowledge and ability is not a direct impact on competitive advantage, but by acting on strategic indirect impact on competitive advantage, so strategy has a direct impact on competitive advantage. This research explains that how do the knowledge, ability and strategic and so on these factors affect the competitive advantage of new ventures. It opens the theory of black box which the new ventures′ competitive advantage forms, and enriches the correlation theory, and provides empirical evidence of the Chinese situation for the debate which the knowledge, ability and strategy is directly affect the enterprise competitive advantage or indirectly affect the competitive advantage in academic circles.

②Knowledge has significantly positive impact on ability, and ability has significantly positive impact on strategic. The knowledge has indirect impact on strategy through ability. This study demonstrates that the essence of ability is knowledge, which provides Chinese situational empirical evidence. At the same time, it proves the influence path and the mechanism among knowledge, ability and strategy: the knowledge → ability→strategy. It provides an explanation that how the knowledge and ability of new ventures make effect on organization strategy, which enrich the relevant theory.

③The conclusion of this research reveals the forming path and mechanism of new ventures competitive advantage: the knowledge →ability → strategy→competitive advantage. It also puts forward the new ventures acquire the way of competitive advantage for knowledge management→capability evolution →strategic competitive →

competitive advantage. The research results provide feasible ideas for new ventures how to obtain competitive advantage, enrich the theory of new ventures competitive advantage, and promote the development of entrepreneurship research.

Theoretical and practical contribution of this research is to integrate the basic theory of knowledge, basic theory of capacity, the theory of competitive strategy, and by empirical studies it has proved the impacting path and the mechanism of the new ventures competitive advantage is knowledge → capacity → strategy → competitive advantage, to open the black box theory of the formation of competitive advantage of new ventures. It has also constructed the theoretical model of new ventures obtaining competitive advantages, enriches the theory of enterprise competitive advantages and promotes the development of entrepreneurship research, in practice, to reduce the high mortality rate of new enterprises, and to promote the new record enterprises continue to grow.

Keywords: New Ventures, Competitive Advantages, Knowledge, Capacity, SEM

目　录

第一章　绪论 1
　　第一节　研究背景与研究意义 1
　　第二节　研究内容 3
　　第三节　研究方法 4
　　第四节　技术路线 5
　　第五节　创新点 7

第二章　相关理论及文献回顾 8
　　第一节　新创企业界定及特点 8
　　第二节　企业竞争优势理论 12
　　第三节　知识基础理论 18
　　第四节　企业能力理论 28
　　第五节　竞争战略理论 34
　　本章小结 39

第三章　研究假设与理论模型 40
　　第一节　研究假设 40
　　第二节　要素维度及理论模型 54
　　本章小结 64

第四章　研究设计 65
　　第一节　企业选择及访谈 65
　　第二节　问卷设计 66
　　第三节　量表 68

第四节　研究方法 …………………………………………… 72
　　本章小结 ……………………………………………………… 74

第五章　数据分析 …………………………………………………… 75
　　第一节　问卷调查 …………………………………………… 75
　　第二节　数据质量检验 ……………………………………… 78
　　第三节　效度和信度检验 …………………………………… 81
　　第四节　假设检验 …………………………………………… 98
　　第五节　结果分析 …………………………………………… 106
　　本章小结 ……………………………………………………… 110

第六章　案例研究 …………………………………………………… 111
　　第一节　案例研究方法概述 ………………………………… 111
　　第二节　"莱得快休闲美食文化公司"的案例分析 ………… 114
　　本章小结 ……………………………………………………… 127

第七章　结论与讨论 ………………………………………………… 128
　　第一节　主要研究结论 ……………………………………… 128
　　第二节　本研究的主要贡献 ………………………………… 131
　　第三节　研究局限和未来研究展望 ………………………… 135

参考文献 ……………………………………………………………… 137

第一章
绪 论

第一节 研究背景与研究意义

企业都希望能够拥有持续竞争优势,成为百年老店,基业长青。管理大师彼得·德鲁克(1989)指出,一个企业的管理者在日常经营时,最根本的要求就是以自身企业的持续经营和永久生存作为目标,所以企业必须构建自身独特的竞争优势,以实现企业的持续经营。但事实上很少有企业能实现这一愿望而长盛不衰。21世纪在信息经济、网络经济和知识经济日益明显的作用下,企业的经营环境已从相对稳定的静态环境转向日益复杂多变和充满不确定性的动态环境。在这种动态环境中,竞争快速变化,竞争对手模仿能力日益增强,企业竞争优势的耗散速度越来越快,竞争优势的可持续性和企业的持续成长都受到了严峻的挑战。

新创企业为社会提供了大量新增就业机会,降低了通货膨胀,加速了产业技术创新发展,为社会创造了大量新财富,从而成为国家与地方社会经济发展的重要推动力量(Lee et al., 2001)。然而,新创企业巨大的社会经济价值与其普遍存在的低存活率与低成长性现象形成了巨大反差。研究表明,约有五成的新创企业仅能存活一年半左右,能够存活六年以上者通常不到30%(赖宏志,2003)。根据Barringer等(2005)的研究,美国每年大约创建70万家新企业,其中只有3.8%能够发展成长为大企业。重庆的新创企业也普遍存在着规模小、存活率低,发展缓慢的问题。政府为了促进新创企业持续成长,出台了一系列注册、贷款、用地、税收等方面的优惠政策。但实践证明政府的帮扶只能起到辅助作用,关键还是要靠新创企业不断提升自身实力,在激烈的市场竞争中获得持续竞争优势,才能实现持续成长。因此,研究新创企业的持续竞争优势有着非常迫切的现实意义。

目前,关于企业竞争优势的研究观点主要有资源基础观、能力基础观、竞争战略观。以 Penrose(1959)、Wemerfelt(1984)为代表的资源基础观(Resource – Based View,RBV)认为竞争优势主要来源于其拥有的有价值、稀缺、难以模仿、不可替代的资源。资源在企业之间的分布是不均匀的,而且不能完全流动,因此资源具有异质性。企业所拥有资源的特性决定企业应该进入哪个市场、并最终能够获得什么样的竞争优势以及这种竞争优势能够持续多久。Prahalad 与 Hamel(1990),Barney(1991),Lynskey(1999)的企业能力观(Competence – Based View,CBV)则认为企业的竞争优势来自于自身的不可替代、难以模仿的能力。企业能力根植于集体学习过程,是企业长期依靠不断学习形成的一种能力,这种能力要通过企业的生产活动和流程才能展现出来(Prahalad 与 Hamel,1990)。资源基础观和能力基础观都是从企业内部出发研究企业的竞争优势,并且认为企业依靠自身的资源和能力构建的竞争优势能够确保企业有效应对动态变化的复杂环境,并提升运营绩效。但却忽视了外部环境给企业竞争优势带来的影响,所定义的异质性资源和独特能力边界模糊、难以量化。竞争战略观以 Porter 教授为代表,试图从外部市场、产业环境出发,研究企业定位,明确提出了企业应如何通过采用差异化或低成本战略来获得竞争优势。竞争战略观在研究方法和分析工具上比较成熟、可操作性强,但忽视了企业自身因素的影响,其基于产业分析的研究基础受到广泛的质疑。近来快速兴起的企业演化理论提出一个调和"内生"和"外生"因素的综合性研究视角,认为企业竞争优势是企业内外部因素共同作用的结果,存在一个复杂的演化过程。企业演化理论的研究较为贴近现实的企业,但因缺乏可供操作的研究工具局限了该理论的进一步发展。

以上对企业竞争优势的研究主要是建立在成熟企业的基础上,新创企业与有较长历史、经营相对稳定、规模较大的成熟企业有较大差别。Stinchcombe(1965)认为新创企业存在"新创立劣势",规模较小,资源有限;缺乏经验和能力;缺乏稳定的外部网络关系;难以顺利融资;企业自身合法性低等。这些原因使得新创企业很难与成熟的大企业抗争并获得竞争优势。当然,新创企业也有其优势,对环境的洞察能力较强，决策反应速度较快，竞争意识较强。目前专门针对新创企业特点系统研究新创企业持续竞争优势的理论还不多见，大都是延续成熟企业的理论研究。因此，在相关研究文献的基础上，对传统竞争优势理论进行梳理整合，针对新创企业的特点找出动态环境下新创企业可持续竞争优势的关键影响因素，探讨新创企业持续竞争优势的形成机理和形成路径，对于构建新创企业竞争优势理论，促进新创企业持续成长，避免新创企业过早倒闭有着重要的理论和实践意义。

第二节 研究内容

在上述的理论背景和实践背景下，本书将资源基础理论、知识管理理论、企业能力理论、竞争战略理论、竞争优势理论等纳入一个整体框架中进行回顾和梳理。并以新创企业为研究对象，选择知识、能力、战略和竞争优势等要素构建本书的基本框架模型。力求揭示新创企业的知识、能力、战略等要素对竞争优势的影响机理以及它们之间的相互作用关系，为新创企业在激烈的市场竞争中保持竞争优势提供理论依据。主要解决四个问题：①新创企业的知识、能力和战略是否影响其竞争优势？②新创企业的知识、能力和战略如何影响其竞争优势？③新创企业的知识、能力和战略之间是如何相互影响的？④新创企业应通过什么样的路径和方式获取并保持竞争优势？

本书研究的主要内容分七个章节进行阐述与分析，具体如下：

第一章，绪论。对本书的研究背景及研究意义进行阐述，在此基础上介绍本书研究的主要内容与基本结构，介绍本书的研究方法和技术路线，阐述本书的创新点。

第二章，相关理论与文献综述。本章对资源基础理论、知识管理理论、企业能力理论、竞争战略理论、竞争优势理论进行分析及归纳总结，并对国内外学者有关新创企业竞争优势的相关研究进行回顾和梳理，为进一步的研究提供理论支持。

第三章，研究假设与概念模型。本章以第二章的理论及文献综述为研究基础，提出各变量之间的关系及相关假设。主要包括：知识对竞争优势的影响及假设；能力对竞争优势的影响及假设；战略对竞争优势的影响及假设；知识对能力的影响及假设;知识对战略的影响及假设;能力对战略的影响及假设。对知识、能力、战略、竞争优势的内涵加以界定,并对知识、能力、战略、竞争优势四个变量进行维度划分,在前一章中对理论与文献综述的研究和分析基础上,构建新创企业知识、能力、战略与竞争优势的理论模型。

第四章,研究设计。本章在明晰问卷设计的原则及流程基础上,对理论模型中各变量进行测量并对问卷题项进行科学的设计,通过问卷的预调研对问卷中的题项进行修正及完善,最终形成正式的问卷,为接下来的实证研究做好准备工作。

第五章,数据分析。本章根据研究确定问卷调查对象及样本选取范围,对正式问卷进行发放与收集,通过对样本特征进行描述性统计分析之后,完成实证研究中数据处理、分析及检验等部分,得出假设检验结果,并对检验结果进行讨论。

第六章,案例研究。本章选取重庆本土的一个典型的新创企业,详细介绍其创业成长的过程,剖析其在发展过程中对于知识管理、能力演变、战略竞争以及获得持续竞争优势的方法、路径,归纳总结成长模式。

第七章,结论及展望。本章对研究进行全面的总结,提出本书的研究结论及研究的主要贡献,并指出研究中的不足及未来的研究方向。

第三节 研究方法

本书研究新创企业知识、能力、战略与竞争优势的相关关系,整合知识管理理论、企业能力理论、战略管理理论、竞争优势理论,结合新创企业客观实际,以理论与实践相结合、定性分析与定量分析相结合的根本原则,提出本书的研究框架、构建理论模型,提出研究假设;并根据实际调研数据,通过验证性因子分析(CFA)、探索性因子分析(EFA)、结构方程模型(SEM)对本研究的相关假设进行验证,并配合案例研究进行进一步说明。主要使用的研究方法如下:

(1)文献查阅法。以知识管理理论、企业能力理论、战略管理理论、竞争优势理论为基础,在回顾和梳理国内外经典文献的基础上,通过归纳整合与本书相关的学术研究成果,以完成对理论模型的构建,并提出变量及各维度间的相关假设。

(2)访谈法。通过对本研究领域内的相关专家学者、新创企业的中高层管理人员进行深入访谈,了解专家学者对于本研究领域的学术观点及建议,了解重庆的新创企业现状及影响因素,为理论与实践结合提供依据和保证。

(3)问卷调查法。针对研究中提出的理论模型设计调查问卷,在选取一定数量的样本进行预调研的基础上,对回收的问卷进行修改和完善,形成正式问卷,进行大规模问卷调查。

(4)实证研究法。通过验证性因子分析(CFA)、探索性因子分析(EFA)、结构方程模型(SEM)对调研数据结果进行信度检验、效度检验、因子分析、相关分析、回归分析等,验证本书中提出的相关假设,并对分析结果进行讨论,进而得出本书的研究结论。

(5)案例研究法。选取重庆本土的一个典型的新创企业案例进行单案例研究,分析其获得持续竞争优势的方法、路径,进一步揭示知识、能力、战略与竞争优势的关系,展示本书总结提出的新创企业竞争优势的获取模式在实践中的应用。

第四节 技术路线

本书在对本研究领域相关理论和文献进行回顾与梳理基础上,结合新创企业的特点构建新创企业的知识、能力、战略与竞争优势之间关系的理论模型,提出相关研究假设;接着开发问卷并通过预调研来修正和完善问卷;形成正式问卷后进行大规模的问卷调查,并运用统计分析软件对所提出的相关假设进行分析和检验;最后对假设检验结果进行深入讨论,进而得出本书的研究结论。本研究的技术路线如图1-1所示。

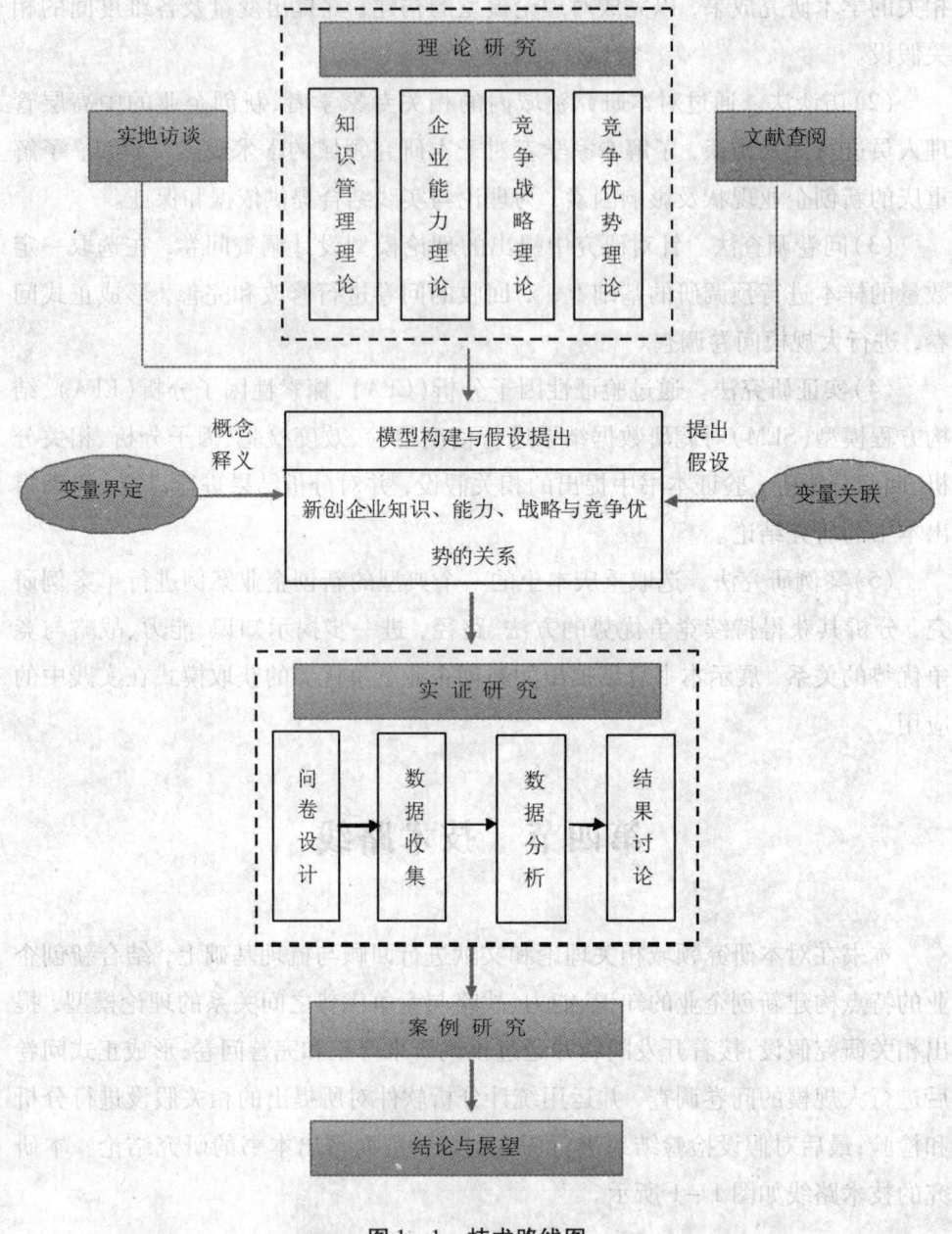

图 1-1 技术路线图

Fig 1-1 Technology Roadmap

第五节 创新点

本研究的创新性可以归纳为以下几点：

(1)知识、能力和战略都是新创企业竞争优势的重要来源,对竞争优势产生显著的正向影响。但它们并不是简单直接地转化为企业竞争优势,中间存在转化的路径和"黑箱"。本书针对新创企业的特点,以"知识"因素取代传统的"资源"因素,从知识、能力、战略三重视角去研究新创企业竞争优势的来源及其动态发展问题,更符合新创企业的特点,更具有针对性。通过实证研究证明了知识和能力并不对竞争优势产生直接影响,而是通过作用于战略对竞争优势产生间接影响,战略对竞争优势产生直接影响。这一研究结论解释了知识、能力、战略等因素是如何对新创企业竞争优势产生影响的,打开了新创企业竞争优势形成的"理论黑箱",为学术界关于知识、能力、战略到底是直接影响企业竞争优势还是间接影响竞争优势的争论提供了中国情景的实证证据。

(2)本研究证明知识对能力产生直接正向影响,能力对战略产生直接正向影响,知识通过能力对战略产生间接影响。这一结论印证了能力的知识本质,给出了三者之间的影响路径和作用机理是知识→能力→战略。一直以来,企业的能力理论都强调企业能力的本质是知识,但基本上都是从理论上推导,很少有学者从实证上证明,本书通过实证研究证明了这一结论。该研究结果为能力的知识本质提供了中国情景的实证证据,并解释了新创企业的知识与能力如何对组织战略产生作用,丰富了相关理论。

(3)新创企业竞争优势的形成路径及作用机理还没有实证证明,本研究结论证明了新创企业竞争优势的形成路径及作用机理为知识→能力→战略→竞争优势。新创企业如何获得竞争优势,实现持续成长目前还没有一个具体可行的方式,本研究结论提出了新创企业获取竞争优势的方式为知识管理→能力演进→战略竞争→竞争优势。因此本研究结果为新创企业如何获取竞争优势提供了较为可行的思路,丰富了新创企业竞争优势理论,促进了创业研究的发展。

第二章
相关理论及文献回顾

根据第一章绪论中提出的研究问题与内容,本章我们首先对新创企业进行界定,同时分析新创企业的特点。然后对企业竞争优势的相关理论与国内外学者的相关研究进行回顾与梳理,找出目前研究的欠缺和问题,提出本书的研究设想,为下面章节的研究奠定理论基础。

第一节 新创企业界定及特点

一、企业的生命周期理论

Haire(1959)首次提出生命周期观点,他认为组织的成长就像有机体一样符合生物学中的成长曲线,从诞生、成长、成熟、衰退至死亡,存在着明显的周期现象。

J. W. Gardner(1965)指出企业生命周期与生物生命周期相比有其特殊性,主要表现在:第一,企业的发展具有不可预期性。一个企业由年轻迈向年老可能会经历20-30年时间,也可能会经历上百年的时间。第二,企业的发展过程中可能会出现一个既不明显上升也不明显下降的停滞阶段,这是生物生命周期所没有的。第三,企业的消亡也并非是不可避免的,企业可以通过变革实现再生,从而开始一个新的生命周期。

Churchill N. C 和 Lewis V. L(1983)从企业规模和管理因素两个维度描述了企业各个发展阶段的特征,提出了一个五阶段成长模型,即企业生命周期包括创立阶段、生存阶段、发展阶段、起飞阶段和成熟阶段。

Adizes(1989)出版了《企业生命周期》一书,他把企业生命周期分为三个阶段、十个时期,即:由孕育期、婴儿期、学步期构成的孕育阶段,由青春期、壮年期、稳定期构成的成长阶段;由贵族期、官僚化早期、官僚期、死亡期构成的老化阶段。

国内学者陈佳贵(1995)较早进行企业生命周期研究,他把企业的生命周期划分为孕育期、求生存期、高速成长期、成熟期、衰退期、蜕变期等六个时期。

研究人员对企业生命周期的阶段数量与划分标准还未统一,但学者们都认为企业从出生、成长、成熟、衰退以致死亡有一个明显的周期。目前较多的学者根据企业销售额的变化将生命周期划分为初创期、成长期、成熟期、衰退期等四个时期,呈现一个钟型的抛物线形状,见图2-1。

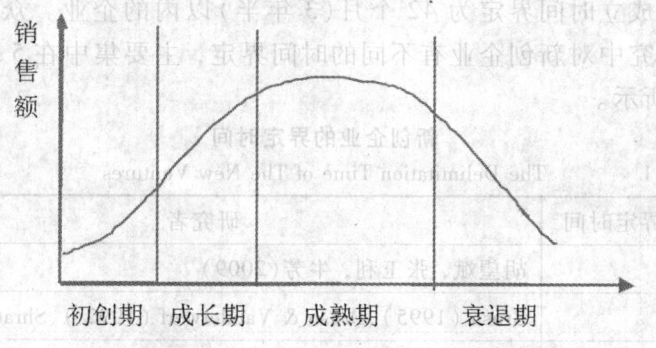

图 2-1 企业的生命周期

Fig 2-1 The Life Cycle of Enterprises

企业的每一时期在市场机会、资源配置和能力培育上都有不同的特点。初创期的企业存在一个可开拓的市场机会,但其内部资源有限,能力培育不足,产品品质不稳定,销售额不大。在企业成长期,市场需求迅速增长,有较多的市场机会,但同时竞争加剧。经过初创期的积累,企业发展迅速,规模不断扩大,急需各种资源;企业能力经过初期的培育得到加强,对各类资源的整合能力增强,并显著地表现为生产技术和产品品质的提升。在企业成熟期,外部市场容量趋于饱和,供需基本平衡,市场机会逐渐减少;企业资源丰富、能力增强,产品品质成熟。在企业衰退期,市场产能过剩,过度竞争,市场机会大幅减少;企业能力由于存在刚性而难以对资源有效整合,生产技术落伍,产品老化,企业逐渐衰退。

二、新创企业的界定

新创企业在西方辞典中为"New Venture",是指创业者抓住商业机会通过对资源的整合进而构建的一个全新的且具有法人资格的实体,它提供产品与服务,目标是盈利与成长。一般认为,新创企业是位于成长过程中的那些早期发展阶段的企业,多是指企业的初创期与成长期。Chrisman、Bauerschmidt 和 Hofer(1998)认为,在创业企业没有达到成熟阶段之前,它都可以被称为"新创企业"。但何时达到成熟,却不存在精确的时间。新创企业达到成熟阶段所要花费的时间,取决于它所处的行业、资源和战略等等。这个时间最短是 3 到 5 年,较长的时间为 8 到 12 年(Biggadike,1979)。全球创业观察(Global Entrepreneurship Monitor, GEM)报告中将新创企业的成立时间界定为 42 个月(3 年半)以内的企业。众多的研究学者在学术研究中对新创企业有不同的时间界定,主要集中在 5、6、8、10 年,如表 2 - 1 所示。

表 2 - 1　　　　　　　　新创企业的界定时间
Table 2 - 1　　　　The Delimitation Time of The New Ventures

新创企业界定时间	研究者
5 年以内	胡望斌,张玉利,牛芳(2009)
6 年以内	Brush(1995)、Brush & Vanderwerf(1992)、Shrader(1996)
8 年以内	Biggadike(1979)、Wong(1993)、McDougall & Robinson(1990)、Zahra(1993)、孟宣宇(2013)
10 年以内	Lussier(1995)、Yli - Renko et al.(2001)、余红剑(2007)

本书借鉴之前学者的研究并结合中国新创企业的实践,将新创企业界定为成立时间在 8 年以下的企业。具体指从企业创立开始到已经摆脱生存困境,并基本转化为规范化、专业化管理的过程。本书认为通过 8 年的发展,新创企业逐步在市场竞争中培育了自身的能力,采取了适应的竞争战略,形成了自己的竞争优势,使得实证研究具有较强的可操作性。

三、新创企业特点

新创企业与已经有较长历史、经营相对稳定的成熟企业(Established Organizations)相比有着较大的差异。而此种差异恰恰可以体现出新创企业的基本特点。21世纪是知识经济和网络经济的时代,在这个时代新创立的企业在创立、生存、市场竞争、竞争优势形成等方面都与以往的企业不同。在新时代继续沿用传统的企业理论来解释新创企业创立与成长问题,无论从理论上还是从实践上都存在许多障碍。因此,针对新创企业的特点研究新创企业的生存与发展问题是非常必要的。相比成熟企业,笔者认为新创企业有以下特点:

(1)新创企业一般是基于一个市场机会或者一个商业模式而创立的,所以主要着眼于配置各种资源去实现商业机会,因此创业机会的识别与开发能力对新创企业的生存与发展显得尤为重要。成熟企业经过多年的发展已经积累了较雄厚的资源基础和较丰富的行业经验,所以主要着眼于通过提高经营管理水平来提高已有资源的收益。

(2)新创企业一般都存在"新进入劣势"问题。Stinchcomhe(1965)最早对新创企业死亡原因进行了探讨,提出"新进入劣势"概念,具体表现在内部缺少足够的资源、能力和经验;外部缺乏信任和社会关系网络,合法性低。在组织生态理论的经典解释中,新生组织由于缺乏内部资源和外部关系,无力在激烈的竞争中战胜成熟组织,因此会遭遇更高的失败率。这种由于新创而固有的劣势不仅仅是规模意义上的小组织劣势,更多是组织生存意义上的新创劣势。这种资源和能力方面的劣势,是新创企业遭遇失败的主要原因(Freeman,1983)。我国目前的新创企业大部分还都是生存型创业,而且以中、小、微企业居多,大都比较弱小,存在较为明显的新进入劣势,很大一部分新创企业尚未形成自己的核心能力。

(3)新创企业一般都存在"小、快、灵"的特点,而且竞争意识强。新创企业在创立之初一般人员较少,组织结构较为简单,决策模式也比较简单,一般创业者和几个骨干成员讨论后就可以定下来快速行动。而不像成熟企业那样组织结构较为完善,层级较多,互相制约,决策和行动缓慢。新创企业对外部环境变化较为敏感,创业者直接面对市场,市场洞察能力较强,更容易发现市场机会。新创企业富有创业激情,勇于承担风险,积极创新,具有较强的竞争意识,这些都有利于新创企业的市场竞争与价值创造。

(4)新创企业一般都面临激烈的市场竞争。新创企业由于自身资金、技术实力有限,所进入的行业多是一些进入门槛较低的传统行业,如建筑、装饰、餐饮、零售、中介服务等。这些行业相对于IT通信、医药、房地产、互联网等进入门槛较低，对资金、技术要求不高，因此大量的新创企业，中小微企业扎堆于这些传统行业，使得这些行业竞争激烈、利润率较低，生存压力巨大。

第二节 企业竞争优势理论

一、竞争优势的涵义

企业竞争优势的研究始终是战略管理学术领域重点关注的问题，是企业存在和成长的永恒主题。正确理解竞争优势的概念，对于企业创造和维护竞争优势具有重要的作用。1939年英国经济学家张伯伦（Chamberlin）在其著作《垄断竞争理论》中最早提出了"竞争优势"概念，随后这一概念被引入战略管理领域。经过几十年的发展，竞争优势理论不断向纵深发展，从开始的短暂竞争优势的获得向持续竞争优势获得的根源深入。对于竞争优势的内涵学者们有不同的理解和定义，本书整理如下，见表2-2。

表2-2　　　　国内外学者对竞争优势的定义
Table 2-2　　　Definition of Competitive Advantages

研究者	年份	内涵及观点
Chamberlin	1939	企业比对手在市场上表现更好
Alderson	1965	企业的竞争优势来源于外部环境和内部资源的组合
Aaker	1984	较主要竞争者占有优势地位的一项或多项的资产或技术领域
Day	1984	较佳的技术、资源及定位上的优势，产生较佳的获利表现
Porter	1985	企业在产业中相对竞争者而言，长期拥有独特且优越的竞争地位，体现在高于平均水准的市场占有率与获利率

续表

研究者	年份	内涵及观点
Bamberger	1989	竞争优势指企业在产业与市场上所发展出的独特优越地位，其中包含低成本、低价格、较佳服务、快速运送、良好形象等
Barney	1991	有价值的、稀缺的、难以模仿和难以替代的资源是竞争优势的来源
Hill & Jones	1995	竞争优势是指一个企业利润高于产业中其他企业，优于其他竞争者的能力。构建竞争优势的四个一般性基础：较佳的品质，较佳的效率，较佳的创新，较佳的顾客响应。
Oster	1999	确保企业比对手更容易获利的能力就是企业的竞争优势
Grant	2001	当市场上有两个或更多的竞争对手，其中一家比其他对手能持续地获得较高的利润，就表示其有竞争优势
贺小刚	2002	竞争优势就是具有比对手更强的盈利能力，能够取得高于行业平均水平的利润
周晓东和项保华	2003	竞争优势本质上是一种竞争地位优势和竞争能力优势
刘巨钦	2007	企业的竞争优势是指企业通过创新和吸收信息与人才资源而产生的一种优势，对手无法模仿
武亚军	2007	企业的竞争优势来源于战略的改进
高可为	2010	竞争优势有广义和狭义之分。广义的竞争优势是指企业在某一方面具有的优于竞争对手的有利条件，它和企业经营绩效无直接联系；而狭义的竞争优势是指企业在市场中处于领先地位的态势，它和企业经营绩效有着直接的联系

续表

研究者	年份	内涵及观点
董保宝，葛宝山，王侃	2011	企业竞争优势是指企业利用所控制的资源和内部培育的能力，在市场上获取的高额绩效并占得领先地位，并以此循环往复维持这种优势持续发展的属性
张雪兰	2012	竞争优势指的是企业为顾客提供优于竞争对手的价值，并能够在一定时期内掌握市场主导权、获得超出行业平均水平利润的属性或能力
孟宣宇	2013	企业利用所控制的资源和内部学习的能力，在组织间进行协同创新，在市场上获取的高额绩效并占得领先地位，并以此循环往复维持这种优势持续发展的状态

从以上学者的观点，我们可以看出学者们对于竞争优势的定义主要可分为两类：一类是从竞争优势的结果，即获利能力来进行定义。也就是普遍认为比竞争对手在行业中处于领先地位，业绩更为出众，能赚取比同行更高利润率的能力。另一类则是从竞争优势的来源进行定义。也就是认为拥有有价值的、独特的、难以模仿、难以替代的资源或者能力，能够比竞争对手为顾客创造更高价值就是竞争优势。董保宝，葛宝山，王侃（2011）综合以上两类定义，认为：（1）企业竞争优势来源于其拥有的独特的资源和能力。（2）企业竞争优势表现于企业的盈利水平和市场领先地位。（3）企业竞争优势会导致企业市场绩效的提高，但是它与绩效仍有差异，不能完全用绩效指标来衡量竞争优势，它有自己的度量指标。本研究对竞争优势的理解采用董保宝、葛宝山、王侃对竞争优势的定义。

二、传统竞争优势理论回顾

20世纪80年代以来，竞争优势成为西方管理理论研究的热点。目前，这一理论体系大体上可以分为竞争优势的外生论与竞争优势的内生论。竞争优势的外生论从外部市场、产业环境出发，研究企业定位和企业竞争优势，以Michael Porter教授为代表。竞争优势的内生论从企业自身拥有的资源和能力出发研究企业竞争优势，竞争优势内生论主要包括资源学派和能力学派。

第二章 相关理论及文献回顾

1. 结构学派与竞争战略理论

新古典经济学认为个别企业获得超额利润主要是由不同的市场结构所导致的。产业内存在着进入障碍和退出障碍、政府的保护与限制、产品差异化所产生的相对垄断等决定了企业的获利水平。美国哈佛大学的梅森和贝恩在新古典经济学基础上提出了现代产业组织理论的基本范畴：市场结构——市场行为——市场绩效，即所谓的 S—C—P（梅森—贝恩）范式。这一范式注意到了企业间的绩效差异，并认为这种差异是由市场结构和市场行为所决定的。也就是说由于市场结构、市场行为是存在于企业之外的，由此可以推论出企业的竞争优势是外生的。

Porter 教授在《竞争优势》一书中对竞争优势进行了系统而又深入的研究，其竞争战略理论就是建立在 SCP 范式上。他认为竞争战略就是在某一产业里寻求一个有利的竞争地位。竞争战略的选择由两个中心问题构成：其一是产业选择问题，即从长期盈利能力角度来认识各产业的吸引力。其二是竞争地位问题，即如何在一个选定的产业内取得企业的优势竞争地位。这两个因素共同决定企业战略的选择。因此，竞争战略受制于企业所属产业的结构状况，制定战略应从产业分析开始，进行市场定位。Porter 教授提出了产业竞争的"五力模型"，认为产业结构中的五种竞争力量决定了企业的竞争优势，并以价值链作为分析工具，研究企业如何通过成本领先战略或差异化战略来获得竞争优势。Porter 教授的竞争优势理论首次明确提出了企业应如何获得竞争优势的方法，但这一理论过分强调了企业外部环境对企业竞争优势的影响，忽视了企业内在因素的影响。它难以解释既然企业的竞争优势是由企业的市场结构、市场机会等外部因素所决定的，那么为什么企业在面临相同市场条件的情况下，其竞争优势依然存在差别呢？

2. 资源基础理论

最早关注资源与竞争优势关系的学者是 Penrose（1959），他在其著作《企业成长理论》一书中抛出了竞争优势内生论，提出了"资源——能力——成长"的分析范式。这一理论革命性的把"资源"与"能力"区分开来，认为与企业的外部条件相比，企业的内部条件对于企业获取竞争优势、持续成长更具有决定性作用，企业成长的源泉是企业的能力，而能力是来源于企业的资源。Wernerfelt（1984）发表了《企业资源学说》，认为企业内部环境同外部环境相比对于企业竞争优势具有更重要的意义，企业内部的组织能力、资源和知识的积累是解释企业获得超额收益、保持竞争优势的关键。Barney(1991)在 Penrose 研究的基础上对资源与竞争优势的关系进行了更深入的阐述,把企业看作是异质性资源的组合,认为有价值、稀缺、不可模仿、不可替代的关键资源能为企业带来竞争优势。在 Barney 看来,资源在企业之间的分布是不均匀的,而且不能完全流动,企业所拥有资源的特性决定企业应该进入哪个市场、最终能够获得什么样的竞争优势以及这种竞争优势能够持续多久。

资源基础理论基于企业内部的资源禀赋来研究企业的竞争优势,突破了竞争优势外生论。但它把形成竞争优势的所有因素都归纳到一个资源概念,这使得资源的概念无限扩大。21 世纪知识经济、网络经济的到来和全球经济一体化引起全球产业结构调整和竞争的不断加剧,企业竞争的方式和手段都发生了翻天覆地的变化,资源基础观因忽略了市场和技术手段的动态变化对企业竞争的影响而饱受质疑。实践中有许多企业拥有了雄厚的资源但却没有获得竞争优势,不少企业缺乏资源但却依然获得了竞争优势,这是资源基础理论难以解释的。Priem 和 Butler(2001)认为企业单靠资源无法维持竞争优势,必须不断提升能力并用好资源才能保持竞争优势。能力观因注意到了企业资源的演化特性而逐渐受到越来越多学者的关注(如 Teece 等,1997;Zahra 和 George,2002)。

3. 能力基础理论

核心能力论。上世纪 90 年代,Prahalad 和 Hamel 为主要代表的学者提出了企业能力观,他们认为能力是企业拥有的关键技能和隐性知识,是企业拥有的一种智力资本,是企业决策和创新的源泉。企业的竞争优势来源于企业的有价值、稀缺的、不可模仿、不可替代的核心能力(Prahalad 和 Hamel,1990)。核心能力是企业长期依靠不断学习形成的一种能力,这种能力通过企业的生产活动和流程展现出来。企业依靠核心能力制造出核心产品,依靠核心产品在市场竞争中获得竞争优势。核心能力不是企业所有的能力,也不是单指某一项技术,而是特指对企业最具重要作用的部分能力组合。核心能力往往与知识、经验、学习能力等无形资产相关,可以较长时间保持。核心能力自身的特征决定了企业能力具有强烈的惯性,惯性产生了核心能力的刚性。核心能力的刚性使得企业已形成的核心能力具有一定的依赖性,很难在动态复杂的环境中做出重大的变革,快速反应,及时调整核心能力,以保持持续竞争优势。

动态能力论。由于环境的动态变化,对企业来说,某一时点形成的核心能力不能长期维持。Teece 等(1997)在资源基础观和核心能力观的启发下提出了动态能力观。他们认为动态能力是指企业整合(Integrate)、建立(Build)、重构(Reconfigure)企业内外部能力(Competences)以便适应快速变化的环境的能力。具备较强动态能力的企业,能够及时洞察外部环境的变化,并根据市场的变化及时调整它们的资源和能力,从而克服核心能力刚性。Subba Narasimha(2001)提出了基于动态能力"知识创新论"的竞争优势概念。他认为动态能力具有产生多样化业务知识的特性,使企业能够根据环境的动态变化来进行研发、产品与服务创新,夯实其竞争优势基础。从本质上讲,动态能力表现出一种动态的非均衡状态,在动态复杂竞争环境中,能力持续不断地培养、开发、运用、维护和扬弃,通过不断的创新而获得一连串短暂的竞争优势,从而从整体上体现出企业的可持续竞争优势。也有学者对动态能力提出质疑,如 Helfat & Pereraf (2003)认为企业能力自身能够适应变化,不需要"动态能力"作为中介。

4. 知识基础理论

随着 21 世纪知识经济的到来,人们越来越认识到知识的重要作用,把知识看作是形成竞争优势的战略性资源,是促进能力形成的关键因素。Barney (1991)认为,能够产生竞争优势的"独特资源"正是企业所拥有的难以交易和模仿的知识。越来越多的学者开始从知识和知识管理的视角去研究企业的竞争优势,知识基础理论作为资源基础理论和能力基础理论的发展成为新时代的研究热点。资源基础论和核心能力论最终都走到了企业知识理论这一轨道上来。知识基础论认为,企业是知识的集合体,知识尤其是隐性知识是企业核心能力的基础,核心能力是使企业独具特色并为企业带来竞争优势的知识体系,不同企业之间知识创造和利用机制的不对称性产生了绩效差异。更新知识是保持竞争优势的关键,一种围绕知识来组织企业的结构化方法就是制定企业新的竞争战略的方法。为此,企业不仅要从增进当前的知识效用出发,还要从获取未来知识的角度出发。企业可以通过知识获取、知识整合、知识应用、知识创新等知识管理活动将知识应用到日常的生产经营活动中来争取企业的竞争优势。

从以上对企业竞争优势理论的回顾,看出传统竞争优势理论的体系结构如图 2-2 所示。

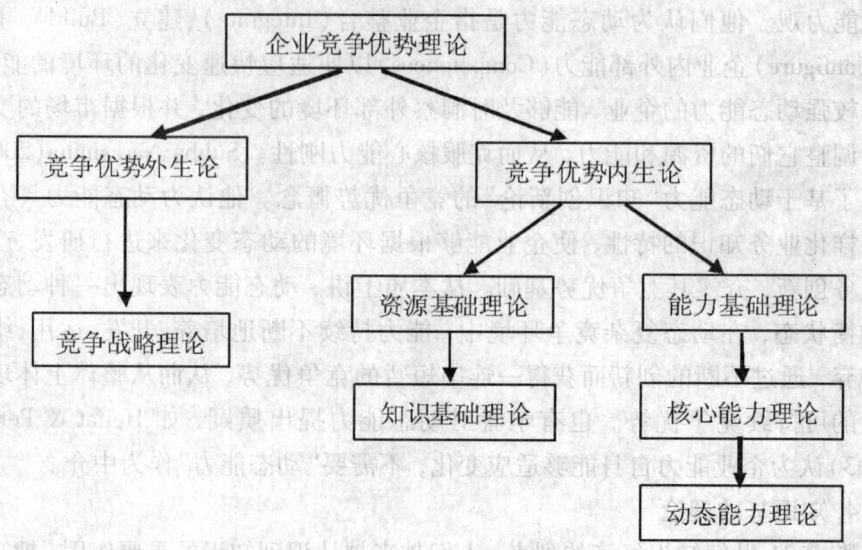

图 2-2 企业竞争优势理论体系结构

Fig 2-2 System Architecture of Enterprises Competitive Advantage Theory

从总体上对企业竞争优势理论进行回顾后,以下将根据本书的需要分别对构成企业竞争优势理论的知识基础理论、能力基础理论、竞争战略理论做更进一步的详细分析。

第三节 知识基础理论

一、知识的含义

知识一词最早来源于哲学领域,培根认为"知识就是力量",康德认为"经验是知识的基础"。《辞海》对知识的定义为:"知识是人们通过实践对客观事物及其运动过程和规律的认识。"现代"知识"一词被经济学、管理学、信息学等广泛使用,从经济学的角度来说,知识是一种资本。从信息化的角度来讲,知识是浓缩了的系统化的信息。以往学者对知识的理解见表2-3。

表2-3 知识的定义
Table 2.3　The Definition of Knowledge

研究者	年代	观点
Wiig	1997	知识包括一些事实、信念、观点、观念、判断、期望、方法论与实用知识等，强调知识在心智模式内的组成元素。
Spek & Spijkervet	1997	知识包括一切人类认为是正确且真实的洞察力（Insight）、经验和程序等，它可以用来指导人类的思考、行为与沟通
Beckman	1999	知识是人类对数据及信息的一种逻辑推理，它可以提升人类的工作、决策、问题解决及学习的绩效
Davenport	1998	知识是一种包含了结构化的经验、价值观、关联信息以及专家见解等要素的动态混合物。知识不仅存在与文档数据库中，而且嵌入在组织的日常工作、过程、实践和规范中
Turban, Mclean	1999	知识包括了被组织和处理过的信息与数据，在将这样的知识应用于解决当前的问题的时候，他们积累了人们从解决问题过程中学习的经验、个人的专家知识
中国国家科技领导小组办公室	1998	经过人的思维整理过的信息、数据、形象、意象、价值标准以及社会的其他符号化产物，不仅包括科学技术知识，还包括人文社会科学的知识、商业活动、日常生活和工作中的经验和知识，人们获取、运用和创造知识的知识，以及面临问题作出判断和提出解决方法的知识

从上述学者对知识的定义中，可以看出，知识、消息、信息、数据等有着密切的联系。如图2-3所示，知识是一种起作用的信息，就像信息是从数据中演化来的一样，知识是从信息中演化来的。信息资源管理是为了实现企业的目标，满足企业的需求而对信息资源进行开发、规划、控制、集成、利用的一种信息管理。从信息到隐性知识这一过程主要通过个人学习实现。个人通过对信息的获取和理解，提炼出有价值信息，并以知识的形态固化在个人身上。从隐性知识转化为显性知识是知识管理体系中最为复杂、同时也是最为关键和核心的部

分。由于有价值的隐性知识被固化在组织成员的身上,使之得以共享必须通过有效的学习机制完成。

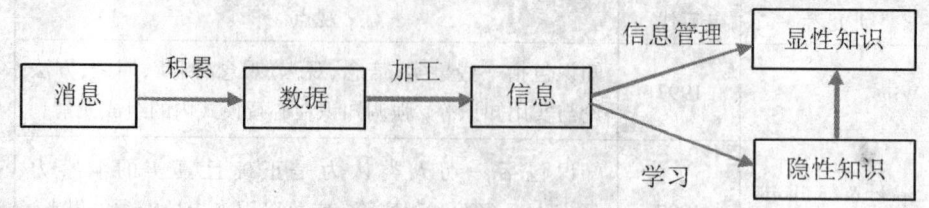

图 2-3 数据、信息与知识

Fig 2-3 The Data, Information and Knowledge

归纳以上各学者对"知识"的定义,本书将知识定义为:知识是综合了经验、价值、见解、信息而形成的具有创造附加价值效果的智慧结晶。本书所研究的主要是对于企业发展具有竞争优势的企业范围内的知识。

二、知识与资源的关系

企业资源是指对企业有利用价值的事物,是对企业生产过程的投入,企业经营的实质就是资源的运作和管理。林嵩等(2005)认为资源就是企业作为一个经济实体在向社会提供产品或服务过程中,所拥有或者所能够支配的能够实现企业战略目标的各种要素以及要素组合,这些要素或要素组合包括企业所有的资产、能力、信息和知识等。资源具有利用价值,能给企业带来利益或创造价值,能够体现企业竞争实力。

Miller 和 Shamise(1996)将资源分为知识资源和物质资源。物质资源指的是资金、经营场所、原材料、生产设施等实物性的生产要素(王庆喜和宝贡敏,2007)。知识资源是指企业拥有的可以反复利用的,建立在知识和信息技术基础上,能给企业带来财富增长的一类资源(戴勇和范明,2010)。朱秀梅等(2010)从内容上将知识资源划分为三类,一是技术诀窍、知识产权、品牌等无形资产;二是行业、市场、产品和技术等商业知识;三是组织知识,主要包括企业的各种正式和非正式规章、制度、流程和方针政策。

知识的特点决定了知识资源与物质资源相比有以下不同。

第一,物质资源具有稀缺性,用一点少一点。即便不是绝对稀缺,起码也是相对稀缺。知识资源具有丰富性,人们的想象力无限、创造力无限,由此创造的知识也是无限的。

第二,物质形态的资源具有强烈的排他性,难以共享;但知识资源不排他,可以共享。知识不同于传统的物质性资源,能为新创企业开发和获取其他各类创业资源起到带动作用(West,G P,and Noel,T W,2009),对于企业构建可持续竞争优势具有重要的意义。

第三,物质资源在运动、交换、变化的过程中,通常只发生价值形态的转移,如从实物形态变成货币形态。而知识资源不仅有价值形态的转移,更重要的是产生增量,发生价值增值。因此知识的倍增和知识的价值化过程,可以使经济增长方式发生根本变化,使企业长期高速增长成为可能。

第四,物质资源的投入产出关系是清晰的、确定的、可以预见的,而知识资源投入产出关系不清晰,具有高度的模糊性和不确定性。可能高投入带来高产出,也可能高投入低产出。一些高科技产业和企业之所以有较大风险就在于此。

第五,物质资源随着使用次数的增加会发生损耗、折旧、效用递减,一般不会再生,且在使用过程中或多或少会对自然环境和生态造成伤害甚至破坏。知识资源不会损耗,可以多次使用,重复交易,且知识资源随使用频率的增加其效用随之增加。知识资源不会自行消亡,可以长存永生;在使用时也不会对伤害自然环境和生态。

可见,在知识经济中,知识成为企业最重要的战略资源,知识不是经济增长的"外生变量",而是经济增长的内在核心因素。知识经济时代一个最直观、最基本的特征,就是知识作为生产要素地位的空前提高。随着全社会越来越知识化、信息化,人们更加关注物质资源背后的知识,正是这些知识导致了企业之间巨大的差异。企业的知识决定了企业配置资源和创新的能力,决定了企业识别、把握、创造未来机会的能力,从而决定了企业可持续发展的能力。新创企业一般比较弱小,相比大型成熟企业物质资源欠缺,因此尤其应该发挥重视知识资源的力量。

所以,知识基础理论虽然在资源基础论的基础上产生,但是它却超越了资源基础理论对资源的相对静态和被动的理解,对知识的动态性、流动性、增值性有了新的思考。March(1991)认为企业成长的过程就是创造和积累更多知识的过程。Spender&Grant(1996)认为创造和应用知识的能力是企业可持续竞争优势的重要来源。Allee(1997)指出知识经济时代企业成长的最终源泉是其强大的知识竞争力。

三、知识的分类

根据知识呈现的方式、利用目的、存储单位及抽象程度等不同,知识的分类可有多种划分,见表2-4。

表2-4 知识的分类标准及类别
Table 2-4 The Classification Criteria and Categories of Knowledge

分类标准	知识的类别
呈现方式	显性知识、隐形知识
存储单位	个人知识、团队知识、组织知识、跨组织知识
利用目的	Know-what、Know-how、Know-why、Know-whent、Know-whot
抽象程度	理论知识、实践知识
知识来源	内部知识、外部知识
所处状态	静态存量知识、动态流量知识
作用范围	局部知识、全局知识

1. 隐性知识与显性知识

知识管理研究中的一项重要的贡献,就是按照知识的可表达程度,将其划分为隐形知识和显性知识(Polanyi,1967)。Polanyi认为显性知识指能够借助语言、文字、数字、符号加以表达及传递的知识,是客观的有形的知识。隐性知识是指高度个性化、难以正式化、只可意会不能言传,而且深植在个人的经验、判断、联想、创意和潜意识的心智模式内的知识。通常以个人经验、印象、感悟、团队的默契、技术诀窍、组织文化风俗等方式存在。Zack(1999)进一步对显性与隐性知识提出更详尽的解释:在我们潜意识中了解和运用的隐性知识很难言传,必须经过直接的体验和行动才能获得,而这类知识的传达往往必须经过互动的对话、讲故事和经验分享。显性知识虽然已经脱离当初被创造和被利用的情境,但却可以用更精确、更正式的方式描述出这类知识。

2. 个人知识、组织知识、外部知识(组织之外的知识)

Arthur Anderson(2000)将知识的种类简单区分为个人知识与组织知识。知识的产生来自人的实践与认识,知识是由个人产生的,离开个人,组织无法产生知识。个人知识是存在于个人的心智模式中的知识及智慧,难以与他人共享。组织知识则由组织部门或单位自创发生,不但易与他人共享,且易与创造组织价值。组织知识是将个人产生的知识与其他人交流而形成并结晶于组织的知识网络之中的。组织知识以组织常规、程序、规范和规则等形式存在(March,1991)。个人只能获得与产生专门领域的知识,而在创新活动中,需要综合各种知识转化为生产力,这就需要组织知识。

Nonaka(2000)发现知识成螺旋型成长,见图2-4。从个人层次的螺旋成长到团队层次的螺旋成长,再到组织层次的螺旋成长,最后上升到跨组织层次的螺旋成长。知识创造从社会化开始,使成员个人之间相互作用,推动他们共享彼此的经验和观点。知识逐渐成为有形的形式,组织中的个人把他们的隐性知识相互传播,将外化创造的知识进一步细化和扩展,即对知识的组合化,这个过程不断反复,通过在工作中的学习与实验,使知识发生内化。

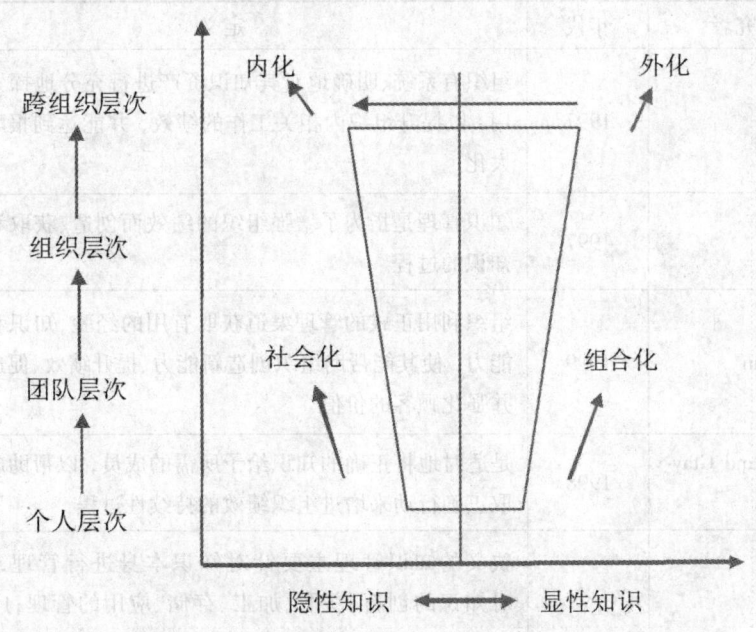

图2-4 知识的螺旋成长

Fig 2-4 The Spiral Growth of Knowledge

四、知识管理的含义

知识管理的理论与实践源于20世纪80年代。1986年知识管理概念首先在联合国国际劳工组织举办的欧洲管理会议上提出,1989 年《斯隆管理评论》发表了第一篇与知识管理相关的文章。1991 年,野中郁次郎(Nonak)在《哈佛商业评论》上发表了著名的《知识创造公司》一文。汤姆·斯蒂沃特(Tom Stewart)出版著作《智力资本》。随后十几年知识管理的理论和实践飞速发展,国内外学者从不同角度阐述了知识管理在知识经济时代的作用,并展开了关于知识优势方面的论述,强调了通过知识管理赢得企业竞争优势。国内朱秀梅等(2011)利用来自东北三省的 290 个新创企业的调查问卷进行实证分析,研究结果表明知识管理对新创企业竞争优势产生显著正影响。

国内外学者对知识管理的含义都给出了自己的定义,见表 2-5。

表 2-5　知识管理的定义

Table 2.5　The Definition of Knowledge Management

研究者	年代	定义
Wiig	1997	组织有系统、明确地对其知识资产进行充分地探索与运用,以提升组织内相关工作的绩效,并能达到报酬的极大化
Bassi	1997	知识管理是指为了增强组织的绩效而创造、获取和使用知识的过程
Beckman	1999	组织利用正式的管理渠道获取有用的经验、知识和专业能力,使其能帮助组织创造新能力、提升绩效、促进研发并强化顾客的价值
O'dell and Gtayson	1998	是适时地将正确的知识给予所需的成员,以帮助成员采取正确行动来增进组织绩效的持续性过程
邱均平、段宇锋	2002	狭义的知识管理主要针对知识本身进行管理,包括对知识的创新、获取、加工、存储、应用的管理;广义上的知识管理不仅是对知识进行管理,而且还包括与知识有关的各种资源和无形资产的管理,涉及知识组织、知识设施、知识资产、知识活动、知识人员的全方位和全过程的管理

续表

研究者	年代	定义
刘则渊	2002	企业经营和战略是建立在知识、信息和智力基础上的一种管理活动，是把知识的生产、传播和应用贯穿于企业研究开发、产品生产和市场营销全过程的一种管理形式，其目的在于通过建立企业内部外部的知识网络，实现知识共享，运用集体智慧，提高企业的应变能力与创新能力
李怡靖	2007	是一种组织内部知识流动的过程，通过对存在于企业内部、外部的生产和经营所依赖的知识的获取、转移、分享及应用等一系列过程，使企业的各种知识资源在生产经营活动中得到共享与增值，从而提高企业的创新能力和应变能力，最终实现提高企业竞争力和创造更大企业价值目的的一种管理过程
朱秀梅、张妍、陈雪莹	2011	企业从外部获取知识，在内部进行知识整合，使企业人员可以在任何时间和任何地点应用相关知识以创造新知识和完成组织目标的活动

从以上所述可以看出它们的一些共同之处：(1) 知识管理的对象是人和企业内外部知识以及与知识有关的各种信息资源、知识资产、无形资产。包括个人的知识管理、组织的知识管理以及两者之间的相互转化。(2) 知识管理是把知识资源应用于企业生产经营、研究开发、市场营销等活动当中，进行知识的获取、转移、分享、应用、创造的动态管理过程。这表明知识经济时代企业管理活动普遍具有了知识化的特征，相应地企业知识管理活动也已经渗透到了企业管理活动的各个方面。知识管理并不是额外的工作或新兴的职能，它跟企业运营管理和流程是紧密结合的，知识只有在不断的流动中才能创造价值。(3) 知识管理是企业的一项基本战略管理活动，知识管理的目的是提升企业的竞争力，获取竞争优势，创造更大的企业价值。在知识经济时代，企业的基本经营和战略管理活动都是建立在知识、信息和智力基础之上的，企业知识管理成为企业的一项基本战略管理活动。通过建立企业内部和外部的知识网络，实现知识共享，运用集体智慧，提高企业的应变能力与创新能力，并最终提升企业的竞争

力，获取竞争优势，创造更大的企业价值。本书采取李怡靖(2007)关于知识管理的定义。

五、知识管理的过程

学者们都认为知识管理是一个动态的管理过程，由一些基本的活动构成。本书对国内外代表性学者所提出的知识管理过程进行整理如表 2-6 所示。

表 2-6　　　　　　　　　知识管理的过程
Table 2-6　　　　　　The Process of Knowledge Management

研究者	年代	知识管理的过程
Wiig	1997	知识管理分为知识创造与获得、知识编译与转换、知识散播与知识应用等方式
Zack	1999	知识管理包括知识取得、知识精炼、知识储存和检索、知识呈现四个阶段
Andrew et al	2001	知识管理过程包括知识取得、知识转换、知识应用与知识保护流程
Alavi	2001	知识管理过程包括知识储存、知识转移、知识应用与知识创造等四项基本活动
王瑞枝	2006	知识管理包括获取(Capture)、存储(Store)、传递(Disseminate)、共享(Share)、利用(Apply)和创造(Create)等六个步骤。
李怡靖	2007	知识管理过程划分为知识获取/创造、知识转移、知识分享/扩散与知识应用四个过程
朱秀梅、张妍、陈雪莹	2011	知识管理过程包括知识获取、知识整合、知识创新等活动

本书综合学者们的研究和对知识管理的理解，将知识管理过程划分为知识获取、知识整合、知识应用、知识创新等四种活动。知识管理通过这 4 种活动可以构建与提升企业竞争优势。

知识获取是企业接近外部知识源，并通过某种方式搜索、评估和获取新知识的过程。企业可以从组织外部的知识海洋中吸收获取对本企业有用的知识，也可以发现企业内部存在的各种知识特别是隐性知识。Helleloid & Simonin（1994）认为组织知识获取的来源有五种：完全内部自行发展、外部辅助内部发展、公开市场采购、公司间的合作以及合并与购并。Leonard & Barton（1995）的研究认为，技术知识可由外部来源，如：顾问、顾客、国家实验室、大学、其他竞争者与非竞争公司等。获取知识的方式包括知识发现、个人学习以及组织学习。知识获取包括使用一个强大的搜索、过滤与集成工具，从组织的外部知识与内部知识中捕获对企业现在和未来发展有用的各种知识。

知识经济时代，可持续竞争优势不再根植于物质资产和金融资本，而是智力资本的有效开拓与利用。企业竞争优势作为知识的综合体现，其形成和维持依赖于对知识的吸纳能力。在知识吸纳过程中，企业可通过多种途径获取知识，扩大知识储备，并根据分类标准进行知识组织，以方便员工搜寻和使用。员工的定期教育和培训、知识联盟以及强大的搜索工具、数据和文件管理系统的利用，则是促进知识集约功能有效发挥的途径。

知识整合是知识在企业、职能部门及个体层面彼此之间不断转移和融合的过程，也是隐性知识与显性知识不断相互转化的过程，通过知识的转移、吸收和编译，使新创企业对知识的理解不断深入，进而用更高效的方法进行机会识别和机会开发，提高机会开发效率，避免错误的发生和时间的浪费（朱秀梅，2011）。知识资源基础的建立是一个逐渐积累的过程，知识整合对知识累积具有重要影响。有效的知识整合能够确保知识的有效利用，提高新创企业机会识别和开发的效率和效果，形成竞争优势，提高企业绩效。

知识应用是企业员工对新知识和已有知识进行整合并将知识应用到产品和服务中去的过程。知识应用过程的对象应该既包括来自于错误和教训的知识，也包括来自于经验的知识，这些知识应该被应用在企业的新产品、新服务的研发等领域，并与企业具体业务实践相结合，解决一些新问题，制定新战略，或是完成某些任务。对于大多数企业来说，在生产制造以及销售活动中，都面临着知识的再利用问题。企业的竞争优势是源于知识应用而不是知识本身，也就是说知识本身不能产生竞争优势，只有运用知识，发挥知识的作用才能产生企业的优势。Grant（1996）员工通过把获取的显性知识应用于解决实际问题，并得出相应的体会和经验，一方面培养他们良好的执行力和洞察力，另一方面扩展企业的隐性知识系统。这两者是竞争优势形成的核心要素。

知识创新是企业在综合利用现有知识基础上产生新思想、新观念，或开发新产品或服务的过程。企业为了更好地满足顾客需求,需要采取新的态度、技巧和工具以及新设计过程和新支持技术,企业为了提高效率和减少成本,需要利用新方法提高智力资本的效率(Coulson,2004)。在企业员工正确了解企业战略的条件下,如果使知识创新与企业战略保持整合性,并在战略实施过程中积极运用知识创新的成果,就会使知识创新真正转化为企业竞争优势。曾萍(2009)选取我国珠三角地区317家企业进行实证研究,结果表明知识创新能够推动动态能力的演化,改善组织绩效。

知识管理的知识获取、整合、应用创新这几方面交互影响,共同作用,从而在知识管理与竞争优势构建之间形成了一种互动机制,知识管理由此成为企业构建竞争优势的有效手段。

第四节 企业能力理论

一、企业能力的内涵

能力(Capability)是一个复杂的概念,尽管理论上难以十分准确地指出企业能力的定义,但在实践中它是客观存在的,并对企业运作与发展时时刻刻产生作用。综合如表2-7所示各学者的观点可知,企业能力的基础是企业的资源,表现为对企业资源整合利用的知识体系,其目的通过不断识别、拓展及开发商业机会,将企业特定投入转变为产出,以创造价值并实现企业预定经营目标。由此可见,企业能力与企业资源及知识有着密切的关系。

表2-7　　　　　　　　　　企业能力的定义

Table 2-7　　　　The Definition of the Enterprise Capabilities

研究者	年代	主要观点
Selznick	1957	企业能力是指能使一个企业比其他企业做得更好的特殊物质
Richardson	1972	企业能力指企业的知识、经验和技能,是企业活动的基础
Hofer & Scheudel	1978	企业能力是用来实现企业经营目标的资源与技能存在、组合与相互协作的方式

续表

研究者	年代	主要观点
Reed & Defilippi	1990	企业能力指企业所特有的资源、技能及灵活运用该特殊资源与技能的方法与技巧等
Stalk et al.	1992	企业能力是指企业具有战略意义的经营流程
Carlsson	1994	能力指企业识别、拓展及开发商业机会的能耐,体现在企业将技术上的可能性转变为实际经济活动的手段上
Hitt et al.	1997	能力反映企业借助整合利用知识、无形与有形资源的特定组合以达成目标的程度
Petroni	1998	企业能力是企业的一种特殊的智力资本,这一资本确保其拥有者从事生产经营活动,由其促使企业以自己特定的方式更有效地处理生产经营活动中的各种现实难题

企业的能力是一个体系,企业的生产运营需要生产、营销、技术、人力、财务等各方面的能力。按照 Porter 的企业价值链模型,企业的基础能力包括技术能力、生产能力和营销能力,企业的保障能力包括人力资源管理能力、财务管理能力、界面管理能力。

二、核心能力

Prahalad 和 Hamel(1990)在《哈佛商业评论》上发表《The Core Competence of the corporation》一文,标志着企业核心能力理论的兴起。文章比较了一家美国公司 GTE 和日本公司 NEC 在 20 世纪 80 年代发展中产生的巨大差异,并深刻地提出 NEC 和 GTE 两家公司的差别在于,前者把自己看成是一些能力的组合,而后者则把自己视为一些业务的组合,指出在本质上企业是一个能力体系。还定义核心能力是组织中的积累性学识,特别是关于如何协调不同的生产技能和有机结合多种技术流的学识。《全美大百科全书》(管理类)对"核心能力"一词的解释是"所谓核心能力,是指一系列的技能、互补性资产,以及为一个企业在一个特定的产业领域内获得竞争力和可持续竞争优势提供的基本惯例,同时也是企业特殊的有形或无形的资源,这种资源被配置在集群中,并在个体和团队中架构以使具体的活动能够得以执行"。麦肯锡管理咨询公司认为核心能力是某一企业内部一系列的技能和知识的结合,它具有使一项或多项业务达到世界一流水平能力。在关于核心能力的所有的这些定义中，最为流行、用得最广泛的是哈默尔和麦肯锡咨询公司的观点。

尽管学术界对企业核心能力的内涵的理解存在诸多分歧，但对企业核心能力特征却有比较一致的看法。一般来说，企业核心能力企业核心能力是企业在长期的成长过程中，逐渐培养和积累起来的，其他企业不具备的能力。企业核心能力一般以知识为载体，具有 VRIN 四特征，既价值性（Valuable）、独特性（Rare）、难以模仿性（Inimitable）和难以替代性（Nonsubstitutable）。

尽管资源基础理论认为，企业竞争优势上的差异是源于企业的资源，但长期以来资源基础观理论并没有明确的指出什么样的资源能够为企业创造持久的竞争优势。而 Prlaharad 和 Harmel 于上世纪 90 年代初提出了"有价值、稀缺性、难以模仿、不可复制"的资源和能力产生的竞争优势具有持久性的论断。核心能力理论所阐述的四个标准回答了什么样的资源能够为企业带来持久竞争优势的问题，推动了资源基础观理论的深入发展，也引起了学界对企业能力对竞争优势形成的贡献的重视和研究。

企业核心能力对企业竞争优势的影响主要体现在如下方面。首先，核心能力可以提高企业的市场竞争位势。市场竞争位势是指企业的产品和服务在市场竞争中的地位与影响力。企业通过加强核心能力关键要素的建设，如品牌、企业形象、专利、研发、特殊营销能力和管理方式等，可以提高企业市场竞争的位势，获得企业的竞争优势。其次，核心能力可以构筑企业竞争优势，竞争优势只有依靠产品根基所拥有的竞争力才能持续。Prahalad and Hamel（1990）指出在短期内，一个公司的竞争优势源于现有产品的性价比特性，而从长期来看，竞争优势将取决于企业以比对手更低的成本和更快的速度构建核心能力的能力，这些核心能力将为公司催生出意想不到的产品。

核心能力概念的提出是企业能力理论发展的一个重要里程碑和转折点。但核心能力理论也受到了来自于理论和实践的质疑和挑战，学者 Leonard 认为核心能力不仅仅在实践中难以识别，而且在动态变化的环境下容易导致核心刚性。因此，学者们不得不思考企业如何在动态的环境中获取一系列的竞争优势的问题。

三、动态能力

企业是一个开放式系统，需要根据环境的变化动态地调整自身的目标、知识结构和能力,才能保持竞争优势。在动态环境下,竞争力的构建绝不是一劳永逸的,企业要想保持其在业务领域的竞争优势就必须拥有动态的而不是静态的核心能力。因此,现代企业需要持续地创造竞争优势,发展动态的竞争能力,才有可能获得持续竞争优势。

动态能力是在动态环境下,挖掘竞争优势新来源的一种逐渐显现出来和潜在的综合理论。"动态能力"这一概念是由 Teece, Pisnao 和 Shuen(1997)发表的《动态能力与战略管理》一文中首先提出的。Teece 等将动态能力定义为"整合、构建和重置公司内外部能力,以适应快速的环境变化的能力"。其他学者也提出了动态能力的定义,见表2-8所示。

表2-8 动态能力的定义
Table 2-8 The Definition of Dynamic Capabilities

研究者	年代	定义
Helfat	1997	动态能力是一种能使企业通过生产新产品和重构生产流程来应对外部环境变化的胜任力或能力
Eisenhardt & Martin	2000	动态能力是可以确认的明确流程(Process)或常规惯例(Rou-tines),是一系列能力的动态集合
Lee	2002	动态能力是企业的竞争优势来源,能说明企业怎样才能应对环境水平
Zahra & George	2002	动态能力在本质上是一种能使企业通过重新配置和整合自己的资源来应对不断发展的顾客需求和竞争对手的变革导向能力
Zollo & Winter	2002	动态能力是一种稳定的集体学习模式,能使企业通过系统创造或调整运营规则来提升自己的效能
Winter	2003	动态能力是企业扩展、调整或创造常规能力的能力,是一种创造能力的能力
黄江圳和谭力文	2002	动态能力是指企业保持或者改变其作为竞争优势基础的能力的能力
董俊武等	2004	能力可被看作是知识的集合,且知识改变的过程就是动态能力形成的过程

虽然学者们对动态能力有不同理解,但在关键点上也达成了共识。共同的意思归纳起来有以下几种:(1)动态能力是整合、建立和再配置内外部资源和能力的能力。"动态"指的是与环境动态变化保持一致,"能力"强调的是整合配置和更新内、外部资源的能力,以此来使企业适应环境变化的需要。(2)动态能力不同于基础能力,是作用于基础能力的能力,对基础能力进行提升以匹配变化的环境。(3)动态能力融入在企业日常组织程序中。(4)动态能力是以知识为基础的,企业改变能力的过程就是追寻新知识的过程,改变能力的结果是企业建立了一套新的知识结构。

关于动态能力的划分,国内外学者(如 Lawson, 2001;Jantunen, 2005;Teece et al., 1997;贺晓刚, 2006;焦豪、魏江, 2008;胡望斌、张玉利, 2009)一般将动态能力划分为资源配置能力、变革更新能力、组织柔性能力、环境洞察能力、组织学习能力等。

四、企业能力理论的演进

黄培伦等(2008)认为企业能力是静态能力与动态能力的统一,静态能力集中表现为企业实力,动态能力集中表现为企业活力。企业的基础能力是企业生产经营所必须的各种能力,表现为一定的静态性。基础能力通过不断培育、强化、提升,形成企业独特的核心能力。动态能力作用于基础能力,不断促使基础能力变革更新,表现为一定的动态性。三种能力相互之间的作用关系如图2-5所示。

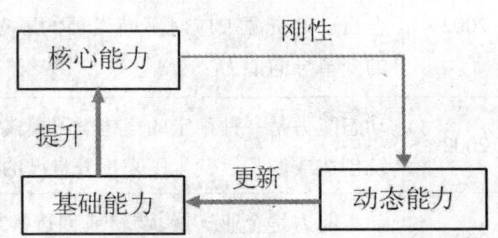

图2-5 基础能力、核心能力、动态能力作用关系

Fig 2-5 Affecting Relationship among Basic Skills, Core Competencies, and Dynamic Capabilities

随着环境的变化,企业能力不断向前发展,从"能力"概念的初步界定到核心能力理论的提出,再到动态能力理论对核心能力和资源基础观的超越和发

展，企业能力研究的扩展。企业能力理论的演进见表 2-9。

表 2-9 企业能力理论的演进
Table 2-9 Evolution of the Theory of Enterprise Capabilities

研究者	年代	研究焦点	与竞争优势的关系
Prlaharad 和 Harmel	1990	企业核心能力	核心能力是产生竞争优势的源泉
Barney	1991	企业资源与竞争优势	有价值的、稀缺的、难以模仿的、难以替代的资源才能产生竞争优势
Foss	1993	企业理论：契约和能力	企业能力的演进确保了竞争优势的持续
Harme	1994	能力基础竞争论	核心能力决定竞争优势
Teece, Pisnao 和 Shuen	1997	动态能力和战略管理	企业动态能力论：动态能力是竞争优势的来源和提升的保障
Winter	2003	运作能力与动态能力	能力可分为运作能力和动态能力，它们与竞争优势密切相关
Zott	2003	能力的周期	能力的周期分为变化、选择、保留三个阶段
Helfat 和 Peteraf	2003	知识学习与企业能力	知识学习推动企业能力的形成与演讲
Desarbo	2005	企业能力与业务单元战略	企业能力与企业业务单元战略密切相关
George	2005	学习能力与能力开发	通过不断学习，企业的综合能力得到提升，其竞争优势便会呈现

传统能力理论认为，企业的特殊资源或能力是给定的，具有相对"刚性"，在短期内不易发生变化，其研究的重点在于对给定资源或能力的利用。传统能力理论具有强烈的静态分析倾向，缺乏对资源或能力产生过程的分析（Foss，1997），是一种静态环境分析下的能力理论。

动态能力理论主要是研究企业如何识别市场机会，合理配置、重构企业的资源和能力，以提升企业的市场价值。动态能力强调企业能力持续不断地培养、开发、运用、维护和扬弃，通过不断的能力创新而获得一系列的竞争优势，从而在整体上产生企业的持续竞争力。动态能力概念的提出，适应了企业经营环境变化，使能力的更新和培养成为一个不断的连续动态过程，从逻辑上较好地阐释了企业为什么能获取持续竞争优势，这是对核心能力理论的一个发展和超越，对于企业建立持续竞争优势是有积极意义的。但动态能力理论却未能很好地回答企业怎样通过动态能力获取持续竞争优势？即动态能力是如何发挥作用的？实践中需要什么样的动态能力发挥作用？

曹红军，王以华(2008)认为当前众多的西方企业能力研究文献都集中在探讨和分析核心能力与动态能力的形成机制及表现形式，能力的开发和培育，能力对竞争优势、组织绩效的影响和贡献等问题，但却没有明确的揭示出企业能力到底通过何种机制和途径作用于竞争优势？这一研究上的缺失使得我们对企业能力如何作用和影响企业竞争优势缺乏足够的理解和认识。因而，现有的研究成果对企业的管理实践也没有起到应有的作用。因此，在未来的定量研究中分析企业能力对竞争优势的作用的路径显得非常关键和重要。

第五节 竞争战略理论

一、波特的竞争战略

哈佛商学院教授Porter发表了著名的三部著作即"竞争三部曲"：《竞争战略》(1980)、《竞争优势》(1985)、《国家竞争优势》(1990)，大大丰富了竞争战略理论，促进了企业竞争战略研究的发展，并对实践产生了巨大影响。Porter的企业竞争理论主要由企业竞争定位理论、企业基本竞争战略理论和价值链理论三个核心内容构成。

关于企业竞争的"五力模型"即：行业内部现有竞争者间的抗衡、潜在的进入者、替代品、购买者的讨价还价能力、供应者的讨价还价能力这五种基本竞争力量。这五种竞争力量共同决定行业竞争的强度和获利能力。企业在制定经营战略时，应分析每个竞争力量的来源，确定某个行业中决定和影响五种基本竞争力量的基本因素，弄清企业生存的优势和劣势，寻求企业在本行业中的有利地位。五力模型的提出，扩大了企业研究竞争的视野，提供了一个完整的系统的分析工具和一种基于产业环境分析的思路。

Porter认为企业的生产是一个创造价值的过程,企业的价值链就是企业所从事的各种基本活动和辅助性活动的集合体。通过价值链分析一方面可以对每项价值活动进行逐项分析,以发现企业存在的优势和弱点;另一方面也可以分析这个价值链中各项活动的内部联系。企业的优势既可来源于价值活动所涉及的市场范围的调整,也可来源于企业间协调或合用价值链所带来的最优化效益。

企业在正确地分析和界定本企业在市场竞争中的地位后一般会形成三种基本竞争战略,即成本领先战略、差异化战略和重点集中化战略。成本领先战略是指企业通过在内部加强成本控制,在研发、生产、销售、服务和广告等领域里把成本降到最低限度,成为行业中的成本领先者。企业采取成本领先战略能形成进入障碍和价格优势以在竞争中取得竞争优势。差异化战略是指企业提供与众不同的产品和服务,在产品的性能、服务、外观等方面满足顾客特殊的需求,形成竞争优势。企业运用这种战略主要是依靠产品和服务的特色,而不是产品和服务的价格去竞争。重点集中战略是企业集中在某一细分市场,针对特定目标客户的需求采取的竞争策略,又分低成本集中战略和差异化集中战略。重点集中战略有利于企业集中有限的资源用于某一细分市场,从而增强自己在这一细分市场的竞争优势。

Porter的企业竞争战略的研究重点在于市场结构和企业业绩的关系,即强调产业选择与市场定位。主要逻辑思想是企业能否获得很好的盈利空间和盈利水平,在很大程度上由其所在的产业环境和结构决定,任何企业都需要对其所在产业的各种力量有深刻的理解,认真思考自身与各种力量对比博弈的情况,基于此建立自身的基本战略(低成本战略或者差异化战略)。然后通过内部价值活动获得低成本或者差异化特色,以获得竞争优势。Porter理论研究的侧重点是产业的特性、产业的发展趋势、产业内外相关企业的相互关系和力量对比,并没有很好地站在企业成长的角度分析企业竞争战略的制定和实施,忽略了企业的内部差异和企业内部的成长,没有重点关注企业内部的资源、能力等问题。本质上波特理论反映的是基于经济学相对静态的理论和假设,是一种被动的环境决定论。其基本假设是"产业边界是明晰和确定的","产业结构是相对稳定的","游戏的竞争规则是已知",在当今产业结构无边界、全球化加剧、技术变革和扩散速度加速的情况下,上述假设不再有效。

二、创业战略

战略管理理论认为企业的生存和发展取决于企业能否创造并保持竞争优势,而这一过程是通过制定和实施有效的企业战略来实现的。新创企业初创阶段的战略选择一方面将决定其后续成长路径,另一方面也是决定创业成败的关键因素(梁强等,2011)。制定和实施有效的企业战略,新创企业不仅能够获得维持生存、开发机会的必需资源,更重要的是通过采取对有限资源创造性利用的战略行为,创造了企业的竞争优势,从而实现自身的良好发展。因此,新创企业的战略选择是新创企业获取竞争优势和高绩效的基础,也是导致新创企业成长差异的重要原因(Niosi,2003)。从创业角度看,创业战略是在创业环境与创业资源的基础上,对新创企业的生存和发展做出的总体构想。但是由于创业过程的复杂性,很难明确提出一个统一的创业战略(Entrepreneurial Strategy)概念(Hitt et al.,2001)。

一些学者直接提出了创业战略的概念。Russell & Russell(1992)将创业战略看作是一种通过不断创新保持企业竞争优势的企业战略。Barney(2001)认为创业战略和创业的本质是一致的,任何能够产生经济寻租的战略都是创业战略。Fern et al.(2012)认为创业战略是新企业战略(New Venture Strategy),创业者的战略选择是采取一系列的活动并配置必需的资源以实现创业目标。蔡宁宁(2012)认为创业战略是新企业发挥优势以开发创业机会创造财富的决策过程。

另一些学者则认为新企业的竞争战略就是创业战略。比如 Cooper(1986)提出新企业拥有的财务和人力资源十分有限并且缺少商业信誉,需要制定合适的竞争方案,以寻求适当的生存机会,这些竞争方案就是新企业的战略选择。国内学者林嵩(2006)认为在创业过程中,创业者必须要选择竞争方案来适应市场需求,而这些竞争性方案就是创业战略的一些具体体现。王一军(2009)将创业战略定义为新企业在成长过程中所能采用的竞争性经营方案的总和。近年来的创业实践也证明,那些积极进取、主动实施竞争战略的新企业能够创造独特的竞争优势。

一些学者从战略选择视角提出了创业导向对企业竞争优势的研究。创业导向是企业进入新业务领域所采取的决策、行为和过程,一般包括创新、风险承担和超前行动等三个战略维度(Miller,1983;Zahra & Covin,1995;Wiklund & Shepherd, 2005)。创新性表现在新构想的产生、研发活动的活跃以及新产品的推出上，反映了企业追求新机会的重要倾向（Lumpkin & Dess, 1996）。风险承担性是指企业在不确定和未知的环境中敢冒险或者在结果未知的条件下敢于投入资源；而超前行动是指企业先于竞争对手预测未来需求并采取行动率先推出新产品或新服务，从而形成先发优势。因此，新创企业都是创业导向型企业。Li et al. (2009) 对我国台湾的新企业进行实证研究发现，创业导向与企业绩效之间的关系存在积极相关。Frishammar & Hirte (2007) 提出创业导向与市场导向的有机结合对新企业的生存和发展起着至关重要的作用。

以上我们回顾了企业竞争优势理论的发展，从企业内生和外生两方面分别介绍了资源基础理论、核心能力理论、动态能力理论、知识基础理论、竞争战略理论等。竞争优势的内生论和外生论都被认为片面的从某一方面来解释企业的竞争优势，具有一定的局限性。本研究认为，资源、知识、能力、战略、外部环境、市场机会等都是影响企业竞争优势的重要因素，共同对竞争优势产生作用，如图 2-6 所示。

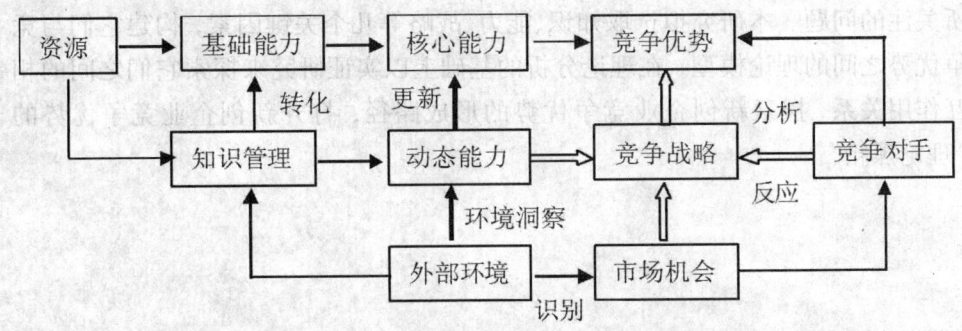

图 2-6 企业竞争优势的整合模型

Fig 2-6 The Integrated Model of Enterprise Competitive Advantages

资源基础理论、企业能力理论、竞争战略理论等都分别从各自的视角对企业竞争优势进行了探索，但这些理论能否适用于新创企业？彼此之间有什么联系？都是有待进一步深入探讨的。Shane (2003) 指出过去学者多从单个角度探讨创业，如果更多的研究能将不同角度的论点进行整合研究，将有助于建构创业研究的整体架构。Lewin 和 Volherda (1999) 也认为多角度研究有助于整合不同的理论和视角，包含多个分析层次和情境效应，并带来新的洞察力、新的理论、新的经验方法以及新的理解。随着竞争优势整合论的兴起，不少学者开始从多角度分析企业竞争优势。但多数学者都是限于两个视角,如胡望斌、张玉利等(2009)从创业导向和动态能力的视角研究企业成长,基于199家新企业的调查数据对三者之间的关系进行了实证检验。蔡宁宁(2012)基于资源与战略视角探讨了资源、战略与竞争优势的作用关系;朱秀梅(2010)基于创业导向和知识视角对新创企业竞争优势问题进行了探讨,构建了创业导向、网络化能力、知识资源与新创企业竞争优势间关系的理论模型,并进行了实证检验;董保宝、葛宝山、王侃(2011)将资源基础观和动态能力观整合到一个研究框架下,构建了全新的理论模型,并对东北地区187份有效问卷进行了实证分析。夏清华(2008)将资源基础理论和组织学习理论整合在一起,构建了新企业竞争优势的理论模型,认为新企业的竞争优势既依赖于企业家个人最初的资源,也依赖于企业家的战略能力的提升和知识的转化,更依赖于组织的系统性学习和创新。

　　新创企业有其自身的特点,传统的竞争优势理论是否适合新创企业?新创企业的竞争优势受哪些因素影响?各因素与竞争优势之间的内在逻辑关系是什么,作用机理是什么?新创企业如何才能获取并保持竞争优势?这些都是我们所关注的问题。本研究拟选取知识、能力、战略等几个关键因素,构建它们与竞争优势之间的理论模型,在理论分析的基础上以实证研究来探索它们之间的相互作用关系,探索新创企业竞争优势的形成路径,打开新创企业竞争优势的"理论黑箱"。

第二章　相关理论及文献回顾

本章小结

本章从企业的生命周期理论入手对新创企业进行了界定，并综合借鉴国内外学者的研究，把创立 8 年以内还未达到成熟期的企业界定为新创企业，作为本书的研究对象。新创企业相比成熟企业有其自身的特点，一方面普遍存在"新进入劣势"，内部缺资源，外部缺社会关系；另一方面有着"小、快、灵"的特点，面临激烈的市场竞争，竞争意识较强。传统的企业竞争优势理论主要分为竞争优势的外生论与竞争优势的内生论，具体由资源基础理论、知识基础理论、企业能力理论、竞争战略理论等构成。这些理论从不同的视角分析了企业竞争优势的来源和影响因素，认为资源、知识、能力、战略等因素对企业竞争优势产生重要影响。传统的竞争优势理论是否适合新创企业？新创企业的竞争优势受哪些因素影响？各因素与竞争优势之间的内在逻辑关系是什么，作用机理是什么？新创企业如何才能获取并保持竞争优势？这些都是我们所关注的问题。面对这些问题，本章提出针对新创企业的特点，选取知识、能力、战略等几个关键因素，构建它们与竞争优势之间的理论模型，在理论分析的基础上以实证研究来探索它们之间的相互作用关系，打开新创企业竞争优势的"理论黑箱"。

第三章
研究假设与理论模型

根据第一章绪论中提出的研究问题与内容，基于第二章文献梳理与回顾中所提供的理论依据与理论基础，本章将以知识管理理论、企业能力理论、企业战略理论以及企业竞争优势理论为依据，综合国内外学者的相关研究对新创企业知识、能力、战略对竞争优势的影响关系以及知识、能力、战略间的相互影响关系提出相关假设，构建理论模型，为下面章节的实证研究奠定基础。

第一节 研究假设

一、知识与竞争优势的关系

1. 知识是企业关键性的战略资源

知识是一种具有流动性的综合体，既包括结构化的经验、价值和文本化的信息，又包括专家独特的见解，是企业里面可以被用来创造差别优势的东西(Baradacoo, 1991)。资源基础观认为资源是企业获得并保持竞争优势的基础，企业的可持续竞争优势来源于其稀缺、有价值、不可模仿与替代的资源(Barney, 1991)。企业所拥有的专有知识被广泛地认为是企业竞争优势的唯一来源(Moody and Shanks, 1999; Schultze, 1998; Zack, 1999)。Grant(1996)指出知识是企业最具战略性意义的资源之一。Drucker 在 1993 年出版的《后资本主义社会》一书中指出，当代甚至是未来的社会中，最重要的经济资源是知识,有效地掌握与管理知识,将是企业能否维持创造力与继续生存的关键。企业从知识的投资中可以获得巨大的回报,这些回报将逐渐成为企业的竞争优势(Drucker,1993)。在企业这个"加工厂"里,被加工的对象已不再是简单的物理形态,而是更高级的知识形态,知识已成为创造财富的第一要素。与物质资源不同,知识资源不仅可以为企业赚取李嘉图租金(Ricardian rent)(即由于比竞争者降低了边际生产成本而获得的收益)和张伯伦租金(Cham-berlinian rent)(也就是垄断租金(monopoly rent)),通过组织学习不断进行知识创新,还可以为企业创造出"熊彼特租金",即基于创新的租金。因此,谁掌握了最新的知识,谁掌握了更多的知识,谁发明和创造了更新的知识,谁生产了包含更多知识的使用价值,谁就能在未来的竞争中取得优势地位(魏江,2000)。

2. 知识是企业竞争优势的来源

在全球竞争日益激烈的情况下,企业越来越成为知识密集型,更多地利用"脑力"而非"体力"进行竞争。知识成为新企业与竞争对手之间产生差异的要素,提供了对无序的商业环境进行有效有序组织的方式,知识创新能力因此成为了企业持续竞争优势的来源。拥有更多知识的创业者和新企业能够关注和学习市场的快速变化。Drucker(1959)、Machlup(1962)、Polanvi(1967)等学者很早就发现知识能够为企业创造竞争优势。企业作为学习性系统所拥有的知识存量与知识结构,以及所拥有的难以被竞争对手所模仿的隐性知识,是企业竞争优势最深层的决定性因素。知识基础论认为,企业实际上是一个知识系统,一切组织活动实质上都是知识的获取、转移、共享和运用的过程,企业的竞争优势来源于企业拥有的独特性知识。知识管理对企业创新承担着关键作用,是获取创新能力的源泉和保持竞争优势的利器。Nelson 和 Winter(1982)、Demselz(1988)等学者都认为,企业本质上是一系列高度专有的、具有再生能力的知识仓库,知识储量与学习能力决定着企业的纵向边界和成长潜力。Mcalonald(1987)认为知识不仅存在文件与储存的系统中,也蕴藏在日常例行工作、过程与执行规范中,还储存在员工的头脑中,是企业里面可以被用来创造差别优势的东西。

3. 知识是企业生存之根本

20世纪80年代以后,随着知识经济的崛起和传统战略管理理论的局限,Wiig(1997)、Bassi(1997)、Quiats(1997)、Allee(1998)等学者提出,在知识经济条件下,实施知识管理才是未来企业的生存之本和发展之道。通过对知识的开发与管理来改善经营绩效和竞争优势,不仅能为竞争优势提供长期基础,而且能回归于企业本质。刘建新,陈雪阳(2008)提出现代企业要树立以知识管理为主导的动态竞争优势新观念,营造有利于企业实施知识管理的知识型新环境。在企业实践中,越来越多的企业认识到,企业开发、维护、培育竞争优势的能力,在很大程度上取决于整个公司内部创造、扩散和运用知识的能力,Drucker(1999)、Wiklund和Shepherd(2003)通过实证研究发现知识是企业获得良好组织绩效的重要支撑。由于大多数创新来自于知识创造,导致知识创造或创新对组织成功的重要性日益提高。知识创造的直接结果是产生新知识,主要包括解决问题和提高绩效的新方法、做事的新方式、新产品和项目概念、新的思维方式,新创企业可以利用这些新知识提高员工和顾客满意度,创造领先于竞争对手的先发优势。

4. 企业知识有助于更好地识别、获取与开发创业机会

Sune(2000)认为创业机会的识别取决于创业者的先验知识与警觉性。Kirzner(1979)认为尽管创业机会广泛地存在与市场环境中,但并不能被所有创业者及新创企业一视同仁地发现,而只能被某些特定的创业者所发现。Shane & Venkatraman(2000)的创业机会观认为尽管创业机会是客观存在的,但创业机会的发现需以一定的信息为基础,而这种信息并非随机分布在所有创业者与新创企业中,即各创业者及其新创企业所掌握的信息并不完全一致,存在很大的信息不对称。正是这种信息的不对称才导致各创业者与其新创企业在创业机会的识别与发现能力上存在很大的差异,即创业者及其新创企业掌握的信息越充分、越完备,则越有利于识别并获取更多的创业机会。新企业通过知识的获取、利用和创新,使新企业对知识的理解不断深入,进而用更高效的方法进行机会识别和机会开发,提高机会开发效率,避免错误的发生和时间的浪费,形成竞争优势。知识水平高的创业者不仅善于发现自身熟悉的从事过的行业机会,而且还能通过学习发现自己不熟悉的没有从事过的行业的机会。朱秀梅等(2010)认为在识别

和开发机会的过程中,新创企业会产生大量的知识资源需求:在机会识别阶段,新创企业必须利用知识来发现、筛选和评估机会;在机会开发阶段,必须借助各种知识(如管理知识、行业知识、市场知识等)来提高开发机会的效率。West和Noel(2009)的一项关于知识资源对新创企业绩效影响的研究表明,知识资源丰富的创业者和新创企业往往更加重视学习,关注市场变化,并及时做出反应;而知识资源贫乏的创业者和新创企业其识别和开发机会的能力明显较低。

综合以上分析论证,我们认为新创企业的竞争优势与知识密切相关,知识是企业关键性的战略资源,是企业生存之根本,有助于更好地识别、获取与开发创业机会,促进了竞争优势的形成,因此提出以下假设:

H1:新创企业的知识对竞争优势有直接正向影响

二、能力与竞争优势的关系

1. 企业能力是竞争优势的源泉和基础

企业能力是企业拥有的关键技能和缄默性知识,是一种智力资本(Teece,1997)。第一个提出企业能力概念的经济学家理查德森(1972)认为,能力反映了企业积累的知识、经历和技能,是企业活动的基础。企业能力理论认为企业竞争优势来自于企业对未来市场、技术等环境演变的判断和预见,来自于企业自身快速应变的能力,也来自于企业整体的执行运作能力和创新能力。企业能力具有价值性、稀缺性、不可模仿性和不可替代性特征,企业能力越强,越有助于企业实现竞争优势。企业能力是一个相对抽象的概念,要为企业带来有效的价值,满足客户的需求,才具有意义,这体现了企业能力的价值性特征。企业能力要落实到企业的运营中去,各企业运营情况是存在广泛差异的,因此,企业能力也是存在实质差异的。某个企业的能力,只针对本企业而言是有价值的,对于另外的企业,则需要重新的组合。Hamel和Prahalad(1990)指出企业的核心能力是企业可持续竞争优势与新事业发展的源泉,是企业具有进入许多市场并获得竞争优势的潜力,而且不易模仿,难以取代。Collis和Montgamery(1995)认为组织的特有能力是竞争优势的基础,影响企业能否长久、持续地获得竞争优势。

新创企业持续竞争优势研究

Teece(1997)认为企业的动态能力能够使企业的资源和能力随时间的变化而改变,并且能利用新的市场机会来创造竞争优势的新源泉。Lee 等人(2001)发现,它们所研究的技术型企业创造的价值大多是基于它们的内部能力。Day(1994)认为公司卓越绩效来源于公司在市场上的竞争优势,竞争优势来源于企业的独特能力,独特能力来源于企业各职能相关的业务能力,而业务能力指的是公司的各项技能等所蓄积的知识资源,表现为公司业务执行活动的效率与效果。

新创企业虽然通常物质资源欠缺,无法和成熟企业相比,但可以在能力上超越成熟企业。新创企业的优势是环境洞察能力强,决策反应速度快,行动灵活。因此,在越来越动态复杂的环境中,新创企业应该尤其注重能力的培养,对于缺乏能力的新创企业,不断变化的环境将使得企业最初的资源很快消耗殆尽,从而过早倒闭(Lei – YuWu, 2007)。

2. 企业能力是企业保持竞争优势的重要手段

企业能力也是企业保持其竞争优势的重要手段(Barney,1991)。企业能力可以使企业使用与竞争对手相同的要素投入更有效地进行生产,或者生产出更高质量的产品;可以帮助企业应对动态市场环境,发现市场机会,提升生产力,开拓市场,产生新战略等。具体的讲就是企业能力通过提高企业价值和效率来为企业创造竞争优势。Chandler(1990)通过对欧美工业国家成功企业成长历程的回顾发现,绝大多数成功企业在其早期发展阶段都曾依靠其较强技术能力投入产品生产或服务,进入其利基市场,并继而增加投资,扩大市场占有率,实现产品或服务规模的扩大,并据此获取在市场上的竞争优势。待企业取得领导地位后,再依靠其较强的技术能力开发新产品或新服务,通过其较强的营销能力进入新市场或业务领域。待新产品或服务在新市场站稳脚跟后,企业再通过扩大新产品或服务在新市场的市场占有率等方法实现企业企业经营规模的不断扩大与业务范围的不断拓展,即实现了企业的不断成长。当能力不能满足企业发展需求时,企业就开始进行能力构建活动。通过能力构建可以使企业在演化路径中形成显著的资产,使其能够在任何时间点上都能形成竞争优势。只有具有有效协调、配置内外部资源的能力并显示出及时、快速的产品创新能力的企业才能在全球竞争中胜出(Teece, 1997)。

3. 企业能力有助于更好地识别、获取与开发创业机会

新创企业成长的过程亦是其对创业机会不断识别、获取与开发的过程。因此，新创企业及其创业者对创业机会的识别、获取与开发能力对其成长绩效具有重要的影响。Shane(2000)指出，新创企业能否有效识别、获取并开发创业机会在很大程度上受创业者及其新创企业如何向市场提供产品或服务、如何解决客户问题的能力影响。一般来说，企业对市场、产品以及客户等相关信息与知识积累越多，了解越充分，越有可能在创业机会出现时表现出敏锐的识别能力(Kaish & Gilad, 1991)，从而使其较同行其他企业更好地识别、评价并利用各种相关机会，将创业机会转化为企业成长的商机。总之，新创企业内部能力越强，对创业机会识别、获取与开发所需知识与资源越充分，越有利于其在成长过程中不断识别、获取并开发创业机会。

综合以上分析可知，新创企业能力是其竞争优势的物质基础，内部能力越强，越有助于企业更好地整合利用内外部资源，使其在面对创业机会时具有更强的成长动机与机会识别、获取及开发能力，从而更好地通过现有资源与能力的延伸去获取并开发创业机会，并在创业机会的开发过程中通过能力建构不断构建其新的资源与能力。因此，我们提出以下假设：

H2：新创企业的能力对竞争优势有直接正向影响

三、战略与竞争优势的关系

1. 战略的目的是获得竞争优势

战略管理理论认为，企业战略是对企业发展做出的全局性和长远性的整体规划，通过制定良好的发展战略，企业能够保持或产生竞争优势，从而实现企业的目标(Hitt, 2002)。余绍忠(2012)将创业战略定义为在不确定的内外环境下实现新价值创造所采取的资源整合与配置的决策行为。定义指出了创业战略的目标是创造新价值，包含了变革、创新、领先等内涵。企业战略通过资源整合与配置，形成企业的竞争优势来实现生存与发展。可见，企业制定战略，进行战略管理的目的是为了寻求竞争优势，创造市场价值。企业竞争优势产生于企业的顾客价值创造战略，即用什么方法创

造顾客价值。当现有的和潜在的竞争者没有实施与本企业同样的顾客价值创造战略的时候，或是竞争者无法模仿企业的顾客价值战略的好处的时候，我们就说企业具有竞争优势。可见，有了知识和能力作为基础，还需要正确制定、实施竞争策略，发挥出企业的知识和能力，才能创造出更高的顾客价值，在与竞争对手的竞争中取得优势。波特认为战略的本质是选择，选择的结果形成相对位势，相对位势带来超额回报。

2. 战略是获得竞争优势的手段

无论是外部环境还是内部资源、能力对新企业成长和绩效的影响，本质上都是新企业根据不同战略做出的决策（Gilbert et al., 2006）。资源自身是不产生价值的，是企业在某一特殊市场上的行为使资源具有了价值，资源在行为中才有意义（Porter, 1997）。Tan（1993）指出虽然资源对于竞争优势很重要，但重要的不是资源本身，而是企业如何发展技能和选择竞争性的战略来利用可用的资源。夏清华（2008）认为虽然好的商机对创业成功是重要的一步，但最终决定企业成败的仍然是战略。战略的差异导致了绩效的差异（Schendel, 1996），持续的优异绩效来源于持续竞争优势（Barney, 1991; Grant, 1998; Roberts, 1999）和对特定战略的贯彻执行。袁界平，吴忠（2006）认为战略管理之所以能够大幅度提高创业的成功率，除了它使得创业者建立了战略理念和思维，明确企业的愿景和使命，还因为它提供了一整套的理论与具体的方法，可以帮助创业者在创业过程中把握环境的不确定性和机会。当代战略管理理论表明，外界环境愈是变化、愈是不确定就愈离不开战略管理。战略管理是分析环境中机会和威胁、明确未来方向、培育和提高持续竞争力的无可替代的工具。McGrath and MadMillan（2000）认为企业家必须在战略家的思维下去识别机会、配置资源、采取行动以利用机会。Sandbeng（1992）发现，有三个因素对创业企业的成功产生重大影响，按其重要性依次是所进入的行业结构、竞争战略和创业者的行为特征。

3. 新创企业的实施重点是竞争战略

通常把战略分为两个或三个层面，即公司战略、竞争战略或再加上职能战略，由于公司战略需要充裕的资金、人力、管理等要素资源提供很大程度上的支持，因此这种公司层面的战略往往并不适用于创业企业。新创企业，特别是种子期和初创期的新创企业需要考虑的首要问题是企业的生存问题，因此竞争战略是新创企业实施重点（林嵩，2006）。在创业过程中，创业者必须要选择竞争方案来适应市场需求，而这些竞争性方案就是创业战略的一些具体体现。Cooper（1986）认为新企业拥有的财务和人力资源十分有限并且缺少商业信誉，需要制定合适的竞争方案，以寻求适当的生存机会，这些竞争方案就是新企业的战略选择。王一军等（2009）将创业战略定义为新企业在成长过程中所能采用的竞争性经营方案的总和。夏清华（2008）认为新创企业的成长既是一个动态学习过程，又是一个战略竞争行为。

综合以上分析论述，我们认为战略与竞争优势密切相关，战略是获取竞争优势的主要手段，对于新创企业获取竞争优势起到重要的推动作用。因此我们提出以下假设：

H3：新创企业的战略对竞争优势有直接正向影响

四、知识与能力的关系

1. 知识是能力的内核与基础，能力是知识的有机组合体系。

20世纪90年代以来，"能力"取代"资源"成为竞争优势的基础，而无论是 Prahalad 和 Hamel（1990）提出的"核心能力论"还是 Teecer（1997）提出的"动态能力论"，都将知识视为能力的内核与基础。知识是形成能力背后更深层次的东西，没有知识的支撑，能力将是无源之水，无本之木。越来越多的学者认为，企业之所以要改变自身的能力，是因为隐藏在能力背后的知识不再适应环境的变化。它们把知识视为企业的关键性战略资源，认为将知识作为能力的基本分析单位，有助于更好地理解能力获得竞争优势的过程。Teece（1997）认为，学习、技能获取、知识与诀窍的管理成为最基本的战略问题，异质性知识和能力成为企业最重要和最核心的资源。只有整合相关资源，快速进行创新的企业才能在全球竞争的环境下获得成功，而这种整合相关资源，进行创新的能力则来自于知识（Teece et al，1994）。Kusunoki（1998）也提出，能力来自于知识的动态交互活动，是由企业内部创造和积累的不同类型知识的集合。Grant(1996)指出,能力是知识整合的结果,它依赖于企业评价和整合其成员的专业知识。卢启程(2009)认为企业能力不是某些能力的简单组合,而是企业在动态环境中不断学习、自我升华的综合能力。因而,能力是企业整体层面上价值创造活动中的知识集合。陈建勋,潘昌才,吴隆增(2009)通过实证研究证明企业的知识创造水平越高,其核心能力越强。

2. 能力的演化与提升依赖于知识的积累与更新

Zollo & Winter(2002)认为企业内部能力提升实质是其通过组织学习过程,不断进行经验积累、知识积蓄、连接与编码等活动的结果。企业内部能力越强,则意味着企业对相关知识的掌握越充分,从而越有助于企业对创业机会的识别、获取与开发。如新创企业营销能力越强,意味着其具有更多关于顾客潜在需求、市场细分、产品定价等方面的知识(Weerawardena,2003;Tsai & Shih,2004)。无疑,这会有助于新创企业识别新的创业机会,并借助其较强的市场开拓能力有效开发该创业机会。

Zollo 和 Winter(2002)提出企业能力产生于隐性经验的积累、显性知识的明确化和知识编码活动的协同进化。隐性经验的积累是指对运营惯例不断修正的学习过程,显性知识的明确化是指通过集体讨论和绩效评估活动使经验知识清晰化;知识编码活动是指把有用的知识通过手册、电子表格和管理软件在公司内部进行传播。这三种机制的共同进化是企业能力形成的基础。同时,企业能力是一个从形成到增强再到提升的逐渐演化的过程。企业知识的吸收、增长会形成企业的初步能力;在生产经营过程中不断对知识利用,积累大量相关经验和知识,促使企业能力不断增强;通过知识创新解决新问题,使能力得到进一步提升,见图 3-1。新创企业与成熟企业在学习方式上有所不同,更多的是基于行动的短平快的学习(如试错学习、即兴学习、模仿)而不是有计划的学习,这也是新创企业能力的表现。学习获得的知识能力不是单一形态的,不同层次及方式的知识能力之间还有相互匹配的结构性问题,只有得到知识与能力的结构性支撑,竞争优势或战略创新才得以实现。

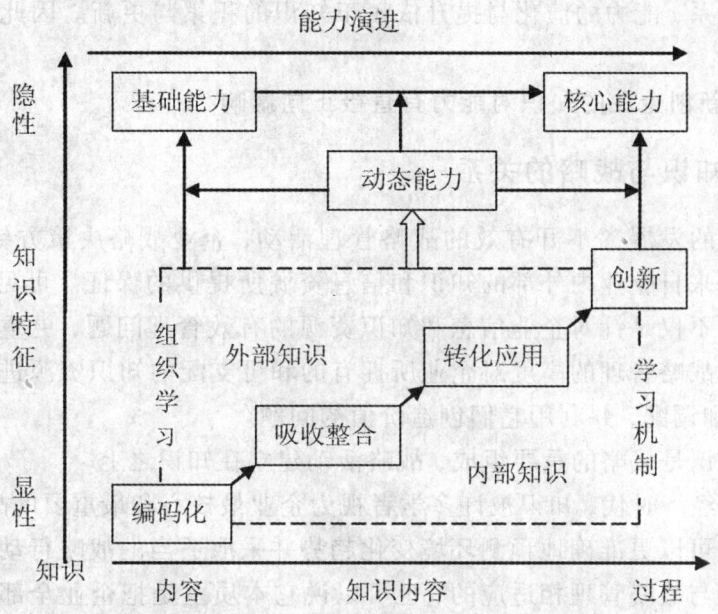

图 3-1 新创企业基于知识管理的能力演进

Fig 3-1 The Capabilities Evolution of New Ventures Based on Knowledge Management

任荣，王涛(2010)认为能力构建的本质是企业内的跨层次知识活动，它们利用演化理论来阐述层次间知识活动的内在机理。刘建新，陈雪阳(2008)建立了知识学习的转化动态模型，分析了知识向能力的演化，揭示了知识与能力的关系结构，提出了知识转化为能力的新途径。Zollo 和 Winter (2002)在研究能力进化时又发现知识学习是能力进化的推进动力，这一观点获得了学者们的广泛赞同和支持。梁哨辉(2005)通过数理证明后发现，通过知识管理所形成的个体和组织的知识存量有利于企业能力的提升。耿小庆(2008)分析了知识在能力演进中的关键作用，认为企业能力成长是在知识平台支撑下不断进行组织知识创新的过程，得出了知识平台下企业能力成长与组织知识创新的互动模型。蒋翠清(2007)提出了包括差异识别、知识创新、知识应用、知识资产化等四个阶段的企业能力演化模型，认为组织通过学习会获取和应用知识，在这个过程中会有新知识的产生，从而引导企业能力的产生和演进。

综合以上分析，我们认为知识是能力的内核与基础，能力是知识的有

机组合体系,能力的演化与提升依赖于知识的积累与更新。因此提出以下假设:

H4:新创企业的知识对能力有直接正向影响

五、知识与战略的关系

企业的发展离不开有效的战略管理活动,企业战略决策方针的制定,也离不开来自企业内外部的知识和信息资源所提供的保证。可见,企业知识管理就不仅是针对企业信息和知识资源的有效管理问题,更重要的是如何从企业战略管理的高度对企业所拥有的和可支配的知识资源进行有效分析、规划和调配,并利用它们创造价值的问题。

1. 知识是战略的重要组成,战略活动建立在知识之上

知识经济时代,知识被许多学者视为企业最核心和最重要的战略资源,使得企业可以更准确地预测环境变化趋势并采取适当的战略行动。企业知识管理是与战略管理相适应的,也可以说它本质上是把企业全部经营战略活动建立在知识基础上的管理形态。知识不仅改变了企业的经营环境、竞争范式,改变了企业的基本使命,也改变了对企业基本能力的看法。知识也日益成为企业获取和保持竞争优势、核心竞争力的决定因素。这使得企业在制定符合自身条件的战略时必须考虑到知识的重要地位,企业战略必须定位于企业信息和知识的基础上,依靠有效的知识管理来确立竞争优势。企业越来越重视通过学习和创新来获得关键技术、经营诀窍,从而为企业竞争成功和获得持续成长奠定坚实的基础。可以说,未来成功的企业必将是那些把知识作为独特战略资源,并能较其他企业更快速的有效思考、学习、解决问题和采取行动的企业。张守凤(2005)认为知识是改进企业战略学习机制和建设学习型组织的必须内容,知识的学习性及新陈代谢决定了企业必须不断改善学习机制,适应新环境,提高战略适应性。企业战略的行动者要不断调整、更新知识内容与结构,以适应企业战略的转换需要。知识对于优化企业战略,打破企业战略刚性起到了不可替代作用。

2. 知识体现在宏观层面的战略分析

企业的战略分析主要包括两个层面:外部环境的分析和内部资源能力的分析。环境分析的目的在于透过环境影响状况,确认环境给企业提供了机会和造成的威胁。21世纪,外部环境的动态性、复杂性、不确定性和不连

续性是空前的,这对关系企业长远性、全局性、根本性发展的战略的可塑性、灵活性提出了更高要求。战略管理要适应动态、多变的知识环境,从知识视角来审视外部环境,及时发现机会和威胁。除了外部环境分析,企业战略管理还需要对自身内部资源能力进行分析,明确自己的优势和劣势,明确竞争对手的优势和劣势,考虑自己的战略方案,同时考虑竞争对手的可能反应,最后确定最合适的战略方案。战略管理即是对战略方案的选择及决策过程。为实现这个决策过程,确保战略规划的科学性和有效性,就必须在决策过程有所依据,特别是依据企业所拥有的和可支配的知识和信息资源对企业的战略过程分析。战略的精髓在于提高组织获取、创造、积累和开发知识的能力,而这种能力恰恰是知识创新过程所要求和具备的,因此战略管理行为过程本身需要知识创新的驱动和支撑。由此可见,企业面临着双重任务,既要提高战略管理思想与方法的水平,迎接复杂环境的挑战,又要顺应知识创新发展的需要和潮流。

3. 知识表现在微观层面业务流程的运作

在知识经济时代,企业的基本经营和战略管理活动都是建立在知识、信息和智力基础之上的,因此企业知识管理是企业的一项基本战略管理活动,具有宏观的战略性质和普遍应用价值。企业知识的生产、传播和应用贯穿于企业研究开发、产品生产和市场营销全过程。知识管理需要借助流程管理,不断地优化知识共享的流程,使得知识可以不断地创造、分享。因此,企业知识流程管理的核心就是把知识管理融入业务流程管理。一方面,企业的经营和战略活动是以知识资源为基础的;另一方面表明知识经济时代企业管理活动普遍具有了知识化的特征,相应地企业知识管理活动也已经渗透到了企业管理活动的各个方面。企业知识管理并不是额外的工作或新兴的职能,它跟企业运营管理和流程是紧密结合的。要在市场中获胜,调整好企业的方向和实力,企业就需要相关的知识如关于客户、产品和流程的知识。企业知识管理的目标不是仅停留在对知识的管理上,更重要的是把所拥有的知识充分地共享和整合,形成一种集体的智慧,进而提升企业的应变能力和创新能力,让其在企业管理活动中不断发挥作用。更新战略观念和改善组织环境都只是为企业实施知识管理创造条件,优化知识内容和改造学习方式才是企业实施知识管理的重点。

综合以上分析,我们认为知识是战略的重要组成,知识表现在宏观层面的战略分析和微观层面的业务流程运作，对于战略有重要影响。因此我们提出以下假设：

H5：新创企业的知识对战略有直接正向影响

六、能力与战略的关系

1. 企业能力是企业制定和实施战略的基础和重要因素

能力学派关注的是从企业特有能力为出发点制定和实施企业竞争战略，获取竞争优势。不管是核心能力还是动态能力都是战略制定与实施的基础。Hamel 和 Prahalad(1990)指出核心能力应成为公司战略的焦点。Baney(1991)，Amit 和 Schoemaker(1993)等人证明，企业战略应建立在企业拥有的独特资源或能力上，从而使企业获得竞争优势。在知识经济时代，企业的基本经营和战略管理活动都是建立在知识、信息和智力基础之上的，战略的制定和实施需要企业自身知识及能力的配合。新创企业实施的重点是竞争战略，而处于动态环境中的企业竞争战略不是传统静态的竞争战略，而是动态的竞争战略。动态竞争战略以重视动态竞争互动为前提，充分预测环境的变化和竞争对手的反应，注重通过内外部学习来寻找有效战略，不断突破，保持持续竞争优势。基于知识管理的企业能力能够帮助企业增强对环境变化的预判能力、确立更为科学的战略方向和定位、更好地协调企业资源或能力与外部环境之间的匹配性等，从而保证企业较之于竞争者有更强的战略稳定性和动态反应性。

2. 企业能力贯穿于企业战略管理活动的始终

曹红军，赵剑波(2008)认为企业能力将贯穿于企业战略管理活动的始终，通过适应环境变化的战略过程而微观化为具体的活动和能力维度，并对企业的竞争优势产生积极的影响。企业能力与战略过程密切相关，当企业制定了符合环境变化趋势的战略时，无形的企业能力将被有形的、具体的战略过程所替代和放大，使战略对竞争优势的影响更为显著。企业战略管理活动包括战略分析、战略制定、战略实施、战略控制等几个步骤，企业能力与战略管理的相互作用有以下几点：①战略分析与环境洞察能力。在动态环境中，成功的竞争战略取决于对市场趋势的预测和对变化中顾客需求的快速响应。新创企业由于规模小、层级少、决策模式相对简单快速，因此新创企业在洞察机会后对机会进行评估、决策的速度和灵活性都远远超过成熟企业。②战略制定与资源配置能力。战略的制定以资源为支撑，战略过程本身就是一个动态资源整合利用和释放的过程。新创企业资源有限，通过对有限资源的创造性利用，加强资源间的内部协调及外部网络关系的协调，增强企业的外部适应性。③战略实施与组织学习能力。能力的积累过程是一个组织学习的过程，通过学习外部知识，把握竞争对手动态，进行深入研究，在战略实施中不断根据外部环境变化及竞争对手反应调整战略，从而使企业获得持续的竞争优势。④战略控制与变革更新能力。战略实施过程中通过变革更新能力对战略进行控制调整，以保持新创企业的活力。新创企业阻碍变革的因素少，等级制度简单，管理作风弱，各种限制少，这些都有利于变革更新。总之，新创企业不能把发展能力作为一个孤立的目标，应通过知识管理演化形成能力作用于战略管理过程之中，保证企业比竞争对手有更强的战略稳定性和动态反应性，从而保持竞争的主动地位。

综合以上分析，我们认为新创企业的企业能力是制定和实施战略的基础和重要因素，贯穿于企业战略管理活动的始终，对于企业战略有着重要影响，特提出以下假设：

H6：新创企业的能力对战略有直接正向影响

七、概念模型

由以上研究假设，得到概念模型如图 3-2 所示。

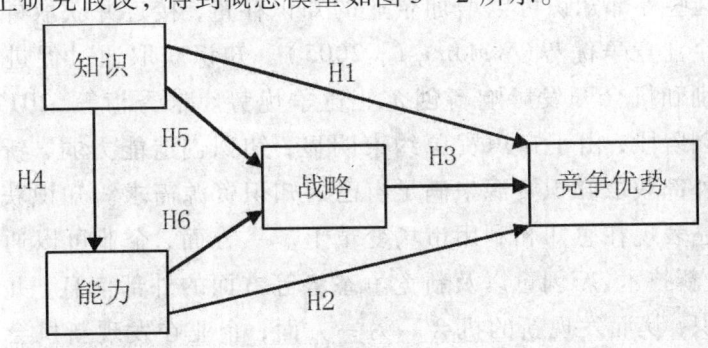

图 3-2 概念模型

Fig 3-2 Conceptual Model

第二节 要素维度及理论模型

一、知识的维度划分

知识是从人类活动中所获得的真理、原理、思想和信息的总和(Baradacoo,1991)。它是一种具有流动性的综合体,既包括结构化的经验、价值和经过文本化的信息,又包含专家独特的见解,为新经验的评估与信息等提供架构。对于企业知识的维度划分,学者们的观点差异不大,大部分学者都集中在知识获取、知识应用、知识分享、知识转移、知识创新等几个方面(Alavi, 2001; Zack, 1999; Andrew, 2001)。在知识管理形成能力与竞争优势的过程中,知识获取整合、知识转移应用、知识创新等转化功能起着关键性作用。朱秀梅等(2011)把知识分为知识获取、知识整合和知识创造等三个维度,并通过实证证明知识获取、知识整合和知识创造等活动使新企业能够高效地积累和利用知识资源。综合国内外学者的研究,我们把知识划分为三个维度,即知识获取、知识应用、知识创新。

知识获取是企业接近外部知识源,并通过某种方式搜索、评估和获取新知识的过程(Zahra S A, George G, 2002)。许多研究认为获取外部知识是新企业竞争优势的基础,新创企业需要从外部获取产品、市场、组织和融资等知识,这些外部知识可以增加企业的知识存量,接近并获取外部知识能够提高新企业竞争优势(Widding L, 2005)。知识获取通过促进新创企业的机会识别和机会开发影响新创企业竞争优势。朱秀梅等(2011)认为在企业的初创阶段,由于知识资源约束明显,知识创造能力弱,新创企业首先倾向从外部获取知识资源来满足自己的知识资源需求。知识获取对于企业的意义还表现在感知和利用市场变革上。一方面,企业可以通过获取关于新需求、新技术、新创意以及新竞争态势等方面的外部信息,并经过理解转化为知识,从而发现新的机会。另一方面,企业在发现新机会之后可以通过获取外部知识弥补自身知识缺陷,加快创新进程,提升创新效率,甚至直接解决创新中的关键性问题。对于新创企业而言,获取外部知识尤其是关于技术方面的知识具有决定性的意义,是新创企业克服瓶颈,实现发展的主要途径。在我国当前的企业实践中,许多资源基础薄弱的新创企业正是凭借卓有成效的知识获取而弥补了自身的不足并在与强大对手的竞争中取得了成功。

知识应用是企业员工对新知识和已有知识进行整合并将知识应用到产品和服务中去的过程。企业的竞争优势是源于知识应用而不是知识本身,也就是说知识本身不能产生竞争优势,只有运用知识才能产生企业的优势Grant(1996)。Boer(1999)也认为,企业竞争的优势来自知识整合应用,而不仅仅是拥有知识,因为只有知识整合应用才能增强资源集成性与环境适应能力。知识具有流动性,必须通过知识转移,实现知识共享,将知识应用到产品和服务中去才能为企业创造更大的价值。知识应用对于企业的意义突出体现在利用和开创市场变革上。企业通过知识获取或创新发现市场变革的机会之后,要通过知识应用对这些机会进行有效地利用,把可盈利的机会变成盈利的现实。对于实力较弱,获取外部知识资源较难而自身知识创新能力又较低的那些新创企业而言,有效对现有技术知识、市场知识加以利用更加具有现实意义。Cornelia Droge(2003)研究了208家制造业,发现知识应用和组织绩效之间有正相关。

如果说知识应用对于企业当前的生存有着重大的作用的话,那么知识创新则会对企业未来的发展产生巨大的影响。知识创新的直接结果是产生新知识,主要包括解决问题和提高绩效的新方法、做事的新方式、新产品和项目概念、新的思维方式。新创企业可以利用这些新知识提高员工和顾客满意度,创造领先于竞争对手的先发优势。曾萍(2009)选取我国珠三角地区317家企业进行实证研究,结果表明,知识创新对组织绩效具有直接正向影响。Nonaka and Takeuchi(1995)在对日本企业进行研究后认为日本企业的成功来源于组织中持续不断的知识创新。知识创新是企业生存和发展的核心力量,也是知识管理的根本目的。知识的持续创造导致了持续创新,导致了竞争优势和企业的成功。Nonaka认为所谓"知识创新型企业"是指在原有优势逐渐削弱,竞争对手成倍增长,新技术层出不穷,产品淘汰速度加快的背景下,能够持续创造新知识,并将其传播到整个组织,以迅速开发出新技术和新产品的企业。该类企业的管理者认为知识创新不是简单地处理客观信息,而是发掘员工头脑中潜在的想法、直觉和灵感,并综合起来加以运用，从而将潜藏的知识融入到实际的技术和产品上。Zack（1999）对此观点表示赞同，认为组织的竞争优势来源于对组织知识的创造、配置和分享。知识创新是在知识获取和应用的基础上不断探索新的规律，追求新的发展，在新的领域不断创新，使企业释放出可以解决新问题的能量。企业内部的知识创新构成了持续价值创造和创新的基础，如果忽视内部知识创新将严重影响企业未来的竞争力。内部知识创新不仅直接提供了技术、工艺、创意、经验等要素，同时也帮助企业提高对外部知识的评估、吸收、使用的能力。对于新创企业而言，知识创新具有更突出的重要性。尽管通过获取外部知识资源可以帮助解决初期技术瓶颈等关键问题，但一味依赖外部资源而忽视自身内部知识创新将给企业持续发展埋下严重隐患。

综上所述，我们将知识划分为知识获取、知识应用、知识创新等三个维度，它们都对新创企业的生存与发展起到了重要的作用。

二、能力维度划分

上一章介绍了基础能力、核心能力和动态能力三者的概念及它们之间的作用关系。基础能力是企业生产经营所必须的各种能力，核心能力是基础能力的强化，动态能力促使基础能力变革更新，因此核心能力和动态能力最后都以基础能力的形式表现出来。核心能力的形成需要较长时间的培育强化，很大一部分新创企业尚未形成核心能力。所以本书对新创企业能力维度的划分主要针对基础能力进行，这样在实证研究中也方便新创企业理解。

很大一部分企业在成长过程中需要各种能力，但企业在不同生命周期阶段所需关键资源和能力各有不同（Greiner，1972）。新创企业成立时间短，规模大小不一，不可能在各方面都具备较强的能力。对新创企业而言，必须集中发展那些对其成长最为重要的关键资源与能力（张玉利，徐海林，2003）。因此，明确新创企业的关键能力构成对其成长意义重大。

Greiner（1972）认为新创企业在成长初期，企业的首要任务是谋求生存空间，求得企业快速成长，因此市场能力与生产技术能力是新创企业成长初期最为重要的能力。Lee（2001）在研究韩国新创高技术企业成长绩效影响因素时，发现创业导向、技术能力及财务能力为其关键能力。Anttila（1987）发现营销能力是小企业的关键成功因素之一。除此之外，Aaker（1989），Dutta（1999），Zehir et al.（2006）、王重鸣（2007）、耿小庆（2008）、余红剑（2007）、李允尧（2007）等从不同角度就新创企业关键内部能力构成进行研究。总结各学者的相关研究发现，多数学者认为企业的关键能力包括技术能力、营销能力和企业家能力。企业家能力是最能凸显新创企业特点的，对企业发展起推动性的关键能力。因此，本书认为将新创企业的能力划分为营销能力、技术能力和企业家能力。

根据 Vorhies（1998）、Vorhies & Hacker（2000）、Weerawardena（2003）与 Tsai & Shih（2004）、余红剑（2007）等多位学者的观点可知，营销能力指企业将其内部集体性知识、技能及资源用于营销相关活动，以提升其产品或服务价值，增加产品或服务销售，并与顾客维持稳定长期互动关系，从而达到根据市场形势需要，充分识别、获取并开发市场机会或谋取竞争优势的能力。营销能力对于新创企业是至关重要的，因为营销活动处于企业内部价值创造流程的下游，与顾客最为接近，较强的营销能力意味着企业能够更多了解顾客及市场，有利于企业更好地进行目标市场细分与定位（Fahy et al，2000）。营销能力是企业成长及竞争优势获得最为直接的影响因素之一（Chang，1996；Fahy et al.，2000）。Vorhies & Hacker（2000）认为营销能力体现在营销研究、定价、产品发展、分销渠道管理、促销与营销管理得六个方面。企业的营销能力从本质上是一种知识体系，企业营销能力越强，意味着其具有更多关于顾客潜在需求、市场细分、产品定价等方面的知识（Weerawardena，2003；Tsai & Shin，2004）。企业所拥有的市场知识越丰富，越有助于企业意识到客户的问题，从而有助于企业发现真实的市场机会；有助于企业更好地进行各种相关创新（Shane，2000）。因此，企业营销能力越强，越有助于新创企业识别新的创业机会，并借助其较强的市场开拓能力有效开发该创业机会。

有关技术能力的相关研究有很多，根据（Acha，2000；Kim，2000；Tsai，2004；Teece，1994；余红剑，2007）等学者的研究，将技术能力界定为企业建立在其人员、组织、信息与设备等基础之上，为适应外界环境变化，在捕获、开发并利用商业机会过程中，将生产投入要素转化为预定产出，表现为技术知识、商业秘密、研发知识及其他特定技术细节性等知识的企业对技术的应用与创新的能力。技术能力包括技术应用与技术创新两个方面。其中，技术应用指企业完成资源转换，生产出合格产品或服务的能力；而技术创新指企业不断利用现有技术相关知识与设备实现现有技术能力的变革与提升，并提供新产品或服务的能力。技术能力将科学研究中的知识应用于生产活动，支持企业在生产过程中实现创新，是企业能够持续成长的基础能力，对新创企业至关重要。一方面，新创企业需要发挥其技术能力有效利用市场机会，要研发出新产品或服务满足顾客的新需求，占领市场；另一方面，新创企业通常机器、设备、人力等资源相对贫乏，市场占有率也不是很高，需要通过技术创新研发出差异化的新产品或服务，与竞争对手形成差异化竞争，从而占领市场。

　　企业家能力对于新创企业来说是尤其重要而且关键的能力。创业理论学者认为与成熟企业不同，新创企业的决策和行动并非取决于组织结构、行为惯例等系统性因素，而在很大程度上取决于创业者个人，甚至认为新创企业本质上是创业者特征的延续。这意味着新创企业成长可能在很大程度上取决于创业者特征与行为而非组织属性和战略（Mullins 1996，Barringer，2005）。创业者是创业的主体，承担个人钱财和声誉上的风险从事创业活动，在创业过程中起着关键的推动和领导作用，包括商业机会的识别、企业组织的创立、融资、产品创新、资源的获取和有效配置，以及市场开拓等。创业的成功与失败很大程度上取决于创业者们的素质和经验，创业者在创业过程中的作用比创意、机会、资源等创业要素更加重要。张根明，陈才（2010）详细分析了企业家的机会识别能力、资源配置能力、创新能力、风险承担能力、学习能力等对企业竞争优势的影响，并构建了企业家能力对企业竞争优势影响的理论模型。葛宝山，董保宝（2009）通过实证研究证实创业者的管理才能与资源获取成正相关关系，认为在创业初期，企业的网络关系尚未建立，资源获取在很大程度上依赖于创业者的个人能力。一个社会资本丰富的创业者会更容易获取创业所需的经营资源，为企业的进一步成长开拓更为广阔的空间。现实中具有相同外部环境和资源状况的企业，由于企业家能力不同而呈现不同的成长轨迹。每一个成功企业的背后，都有一位杰出的企业家。创业者以及创业者所代表的创业团队是创业活动的组织者和执行者,创业者的意志力或者意图,是推进创业活动的催化剂(BygraveW D,Hofer C W,1991)。对于各方面都不太成熟的新创企业来说更需要一位积极开拓创新、富有敬业精神、敢于承担风险的企业家带领大家一起发现创业机会,协调各方关系,调配各方资源,制定战略规划,打开局面。

综上所述,我们将企业能力划分为三个维度,既营销能力、技术能力、企业家能力,它们是能够反映新创企业特点的关键能力。

三、战略的维度划分

波特从具体的竞争战略方案的角度把竞争战略分为低成本战略和差异化战略。林嵩(2007)把创业战略分为市场开发战略和产品开发战略。胡望斌(2009)、谢洪明(2006)等学者从功能导向上把创业战略分为创业导向和市场导向两个方面。不管从哪方面来进行划分,都应该认识到新创企业的战略并不是单一地在实施,其实质是一种动态的竞争战略。王一军(2009)认为在创业者开始创业的时候,往往会侧重于某一方面的竞争优势,实施单一的竞争性战略方案,在不断打开市场赢得成长的同时,旧有的竞争优势也在不断发生变化,这将不断刺激创业者调整竞争方案,综合选择更为适宜的战略。动态竞争战略的特点在于:首先,动态竞争战略的制定是以重视动态竞争互动为基本前提的,要充分预测环境的变化和竞争对手的能力和反应。而传统竞争战略较少地考虑和预测竞争对手的反应,忽略了竞争对手的学习能力和竞争互动。其次,在静态竞争条件下,企业主要以自身特长为依托,通过企业竞争优势打击竞争对手的弱点来保持这种竞争优势。而在动态竞争条件下制定竞争战略的目的不仅要保持竞争优势,而且要及时创造新的竞争优势。第三,在动态竞争的条件下,人们越来越注重通过内外部学习来寻找能建立持久竞争优势的有效战略。这种竞争战略所带来的企业竞争优势不仅难以模仿,且具有更高的效率,并可以在较长时间加以保持。动态竞争战略与传统竞争战略的比较见表3-1。因此,我们认为新创企业的竞争战略应该是一种动态的竞争战略,我们把新创企业的战略维度划分为市场预见、快速反应、灵活行动等三个方面。

表 3 – 1 传统竞争战略与动态竞争战略对比
Table 3 – 1　The Contrast of Traditional Competitive Strategy and Dynamic Competitive Strategy

	战略动态	战略周期	战略目的	战略交互	战略制定的依据	战略难度	战略风险
传统竞争战略	低	长	长期竞争优势	缺乏战略交互	市场及企业状况	低	低
动态竞争战略	高	短	最有效的竞争优势	多轮战略交互	市场、企业、竞争对手	高	高

市场预见是指企业能够发现和把握消费者需要但没有被察觉的市场机会，是战略突破的前提条件，它指明了企业突破的方向。为了在长远的市场竞争中立于不败之地，企业不能只满足当前的消费者需求，还应该努力挖掘未来的潜在的消费者需求。企业的竞争不仅考虑当前的市场竞争，更重要的是要有产业先见，能够预见未来的市场走势。从而才能够做到在行动上真正打破市场的均衡，酝酿创造新的竞争优势。新创企业，特别是机会型新创企业，一般都是基于一个市场机会而开始创业的。但是对市场机会的预见及市场变化的把握并不只是创业伊始的那一次，在企业发展过程中要不断进行市场预见，发现和把握一个个新的市场机会，并且能够正确预测竞争对手的反应，才能及时制定正确的竞争战略。

快速反应是指企业对外界变化作出快速反应，以赶在竞争对手之前把握和利用动态环境所提供的商机。Stalk(1988)、Bhide(1994)等学者在Porter(1980)研究的基础上指出，除了三大基本竞争战略外，还包括快速反应战略，即认为企业在激烈竞争的环境下做出快速反应，也将成为企业的一种基本竞争优势。快速反应不仅要求企业经营流程的缩短，更要求其组织能力的高度动态化和适应性。要能够经受住环境的剧变，并能在这个过程中创造新的竞争优势。即企业应该在前一个竞争优势开始衰退之前，就展开另外一个新的竞争优势。企业由此构建相互联接的竞争优势"连续流"，形成连续的波浪式前进轨迹，通过竞争优势的不断转换从现在顺利地过渡到未来，从而获得持续竞争优势。新创企业较之成熟的大企业的一个明显优势就是决策集中、迅速，反应速度快。老板说干就干，不需要反复开会讨论。

灵活行动是指行动方式灵活，不是一成不变地制定战略，而是善于根据竞争对手的反应灵活行动，充分体现出战略的柔性。在创业活动中，创业环境不断动态化和复杂化，不断刺激创业者调整竞争方案，灵活选择更为适宜的战略。Michael(1998)、Hamel(1999)等人认为，面对急速变化的环境，企业必须使其战略保持足够的柔性化，并将其视为21世纪决定企业竞争成败和竞争优势的最重要、最关键的因素。R. Grewal(2001)指出战略的形成必须适应环境的变化，必须具有灵活性，这种灵活性主要体现在战略计划的适时调整和企业内部对这种调整的适应性。Winter(1982)和Chandler(1992)也认为面对日趋复杂的市场竞争，企业组织保持一定的灵活性显得非常重要，这种灵活性一方面决于企业家本身的战略反应能力（在新创企业中尤其更为明显）；另一方面更在于企业组织能够对企业家的战略反应作出及时的战略调整。

综上所述，我们将战略划分为市场预见、快速反应、灵活行动等三个维度，以充分体现新创企业战略的动态性和灵活性。

四、竞争优势的维度划分

竞争优势指的是企业为顾客提供优于竞争对手的价值，并能够在一定时期内掌握市场主导权、获得超出行业平均水平利润的属性或能力。有关企业竞争优势的维度划分，学者们分歧较大。国内外的一些学者认为企业竞争优势可以用一些财务绩效指标来代替，如Pitts & Snow(1986)认为竞争优势可以用投资回报率来衡量；Bloodgood(1997)认为可以用市场份额和财务绩效反映竞争优势。但Lawrence(2004)指出此类衡量方法使得竞争优势同企业的绩效混为一谈，进而缺乏其科学性。Schulte(1999)从竞争优势的发展模式出发把竞争优势划分成三大维度，即效率、功能和持续性。Vogel(2005)则将竞争优势划分为低成本、价值增值服务、速度、灵活性、创新以及客户服务等六个维度。Delvin & Ennew(1997)认为竞争优势必须建立在顾客价值认同的基础上。企业的竞争优势最终是在市场上实现的，任何努力都得落实到市场和产品等非常具体的问题上。虽然竞争优势的表现形式多种多样，但从企业经营的实际活动的角度进行分析，主要包括两种基本类型，即低成本优势和差异化优势。将新创企业竞争优势划分为低成本优势和差异化优势两个维度是新创企业比较容易理解及易于操作的。

低成本优势是指企业能够以比竞争对手较低的成本推出自己的产品或服务，从而在竞争中获得竞争优势。低成本地位并不是为了获得短期优势而削减成本获得的，它是长期一贯的持续低成本，是一项艰苦的努力。具有成本优势的企业可以在保持与竞争者相同或可能更低的可察觉收益的同时，通过提供更低成本的产品，可以创造比竞争者更多的价值。

差异化优势是指企业向顾客提供的产品和服务在产业范围内独具特色，这种特色得到了顾客的认同，并且顾客愿意付出的价格溢价超出了企业因其独特性所增加的成本。要使产品脱颖而出，就必须使产品具备区别于其他产品的属性，产品性能、售后服务、技术创新、声誉、生产一致性等等。如果一家企业成功地对其产品或服务创造了一些独特并理想的属性，它就在顾客中间建立了品牌忠诚度，减少了顾客考虑替代产品的可能性，而且，会降低购买者对价格的敏感度，这样，不必降低成本就能够增加利润空间。

新创企业可以实现某一方面的竞争优势，也可以同时实现两方面的竞争优势，成本优势和差异化优势不是截然分开的。Porter（1985）强调，成本领先者尽管依赖于成本领先来获得竞争优势，但仍必须紧跟竞争对手的差异化，以直接将成本优势转换为较竞争对手为高的收益水平。而一个能创造和保持经营差异性的企业，如果其产品价格溢价超过了因产品的独特性而增加的额外成本，它就能成为其产业中盈利高于平均水平的佼佼者。一个追求差异化的企业绝不能忽视对成本地位的追求，必须一直要探索能导致价格溢价大于为差异化而追加的成本的经营方式，因为追求差异化价格溢价将会被其显著不利的成本所抵销。Hall（1980）通过对 8 个行业、64 家企业的研究发现，成功企业中的大多数企业都同时实现了低成本和差异化竞争优势；White（1986）通过研究 69 家企业得到了与 Hall 相同的结果，还发现同时取得差异化与低成本竞争优势的企业能够获取最高的投资回报率。

综上所述，我们将企业竞争优势划分为低成本优势和差异化优势两个维度，与企业实际运营相符，便于理解和操作。

五、理论模型

由上面研究假设分析及研究要素维度划分，本书构建理论模型如图 3-3 所示，分析知识、能力、战略对新创企业竞争优势的影响关系，研究其影响路径。

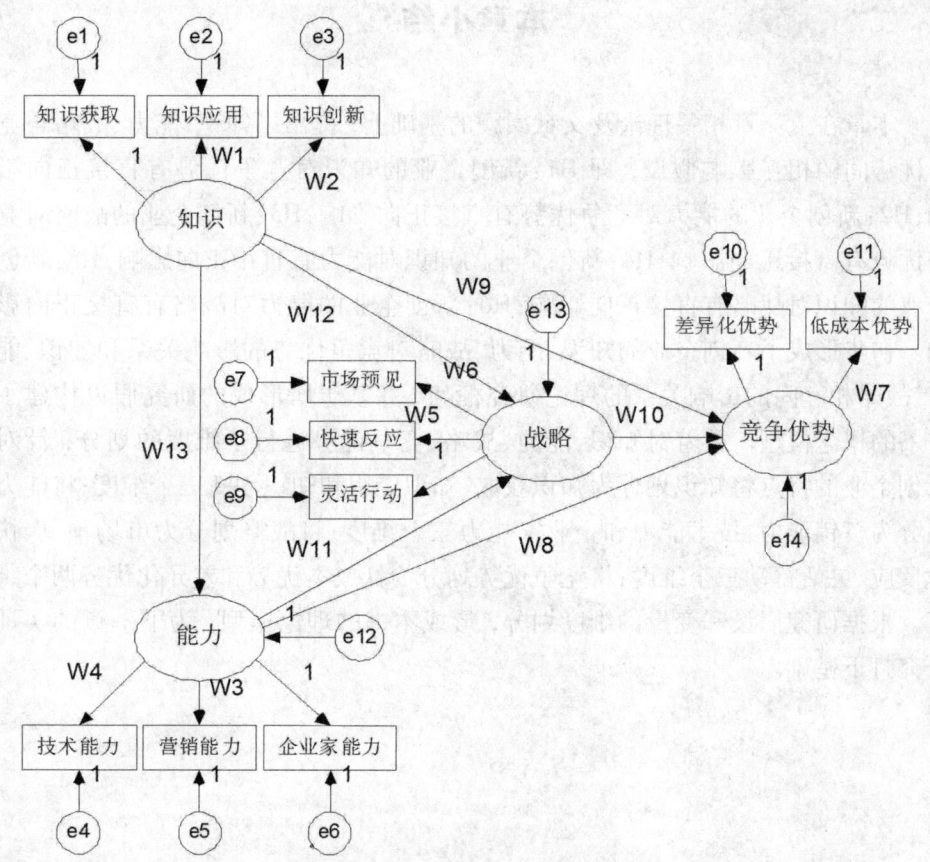

图 3-3　理论模型

Fig 3-3　Theoretical Model

本章小结

本章在上一章相关理论及文献回顾的基础上,提出了知识、能力、战略与竞争优势间的相互影响假设,即 H1:新创企业的知识对竞争优势有直接正向影响;H2:新创企业的能力对竞争优势有直接正向影响;H3:新创企业的战略对竞争优势有直接正向影响;H4:新创企业的知识对能力有直接正向影响;H5:新创企业的知识对战略有直接正向影响;H6:新创企业的能力对战略有直接正向影响。初步形成了新创企业的知识、能力、战略对竞争优势的影响关系和知识、能力、战略相互间的影响关系的理论研究框架,并基于所形成的研究假设构建了本书的概念模型。接着对知识、能力、战略、竞争优势进行了维度的划分,针对新创企业的特点将知识划分为知识获取、知识应用和知识创新三个维度;将能力划分为营销能力、技术能力和企业家能力三个维度;将战略划分为市场预见、快速反应、灵活行动三个维度;将竞争优势划分为低成本优势和差异化优势两个维度。根据研究假设和变量的维度划分,形成本书的理论模型,为下一章的实证研究打下基础。

第四章
研究设计

本章在上一章的研究假设基础上,对知识、能力、战略及竞争优势各维度进行测量。通过初步的问卷调研,进行预测试和对问卷中相应题项的设计及措辞加以完善,并形成一份可以用于大规模调研的正式问卷,为接下来的实证研究打下基础。同时介绍本研究所需用到的探索性因子分析EFA、验证性因子分析CFA、结构方程模型SEM等研究方法。

第一节 企业选择及访谈

本书研究新创企业的知识、能力、战略与竞争优势的关系,所以调研对象必须为新创企业,本书借鉴国外学者(McDougall &Robinson,1990; Zahra,1993;Wong,1993)以及国内学者(孟宣宇,2013)研究中对于新创企业的界定,认为新创企业的认定标准是成立时间小于或等于8年的企业。本次调研对象选择重庆市注册成立8年以内的企业。主要考虑重庆近几年经济发展迅速,新创企业成长较快,遇到困难也很多,有一定的代表性,同时也方便深入访谈,能够保证调查的客观性和准确性。随着中国经济的快速发展以及中国企业竞争力的不断增强,学术界和实业界越来越呼唤并鼓励在中国背景下进行本土管理研究(徐淑英,张志学,2005)。同时对于被调研企业的受访者我们也做了一定的要求。考虑到企业的普通员工很难对本企业竞争优势有明确的认知,所以一般选择企业的中高层管理人员和创业者本身作为受访对象,以保证调研的客观性和准确性。

在文献研究的基础上,我们首先选择了8家有代表性的新创企业进行访谈。两家机械制造企业,一家医药企业,两家餐饮企业,一家广告企业,一家IT通信企业,一家金融服务企业。每家企业接受访谈者为企业的创办人、总经理、副总经理及部分中层管理人员。访谈采用开放式询问法,深入了解企业从创办到发展的历程,并围绕企业的知识、能力、战略、竞争优势提出一些线索性问题,让被访者自由回答,双方深入探讨,以尽可能地了解与研究有关的信息,发现研究中忽视的问题。

通过走访企业,对研究假设和概念模型进行确认和调整,确保概念模型的科学性。同时,访谈获得的资料对后续的问卷设计、调研等环节也有极大的帮助。

第二节 问卷设计

一、量表选取

为确保测量工具的效度及信度,我们尽量选用国内外研究中使用过的量表。我们还特别考虑了其在中国情境下的适用性及对于新创企业的适用性。

二、翻译

量表由一位英语专业硕士研究生和一位本科是英语专业的管理学博士研究生分别独立翻译,随后请两位管理学教授、两位管理学博士研究生分别独立地对翻译质量做出评价,并提出修改建议。综合这些修改意见后,确定译文。

三、征求专家意见

根据量表设计调查问卷初稿,然后向相关研究领域的专家征求意见。先后向两位管理学教授(研究专长为创业管理)、两位管理学博士研究生(研究领域为战略管理或创业管理)、四位新创企业的创办人征求了意见,就问卷内容与它们进行讨论。根据专家意见,对调查问卷初稿进行了修改。

四、预测试

征求专家意见后的问卷初稿在重庆市中小企业局举办的中小企业中高层管理人员培训班上进行预测试,有 32 位来自新创企业的中高层管理人员参与。预测试先由调查人员说明调查目的,随后请学员独立完成问卷。在所有学员完成问卷后,调查人员请学员对问卷内容提出意见,主要包括"题项是否易于理解"、"题项是否符合中国企业的实际情况"、"题项是否符合新创企业的实际情况"、"题项是否能代表所要测试的变量"、"是否有更恰当的题项可以补充"等几个方面。此外,调查人员还统计了学员完成问卷所花费的时间。绝大部分学员认真完成问卷的时间在 10 - 17 分钟之间,学员都有耐心认真填写问卷。

根据预测试反馈的信息,再次对问卷进行修改。修改主要包括四种情况:①一些题目所描述的情况与国内企业有较大差距或者只适合于少数行业,或者是中国的企业管理人员不了解或不愿意如实回答的,我们从相近的量表版本中选择更合适的题目进行替换,或根据企业管理人员的意见重新构造主旨相近的题目。②一些题目所描述的情况不太适合大多数新创企业,我们也根据企业管理人员的意见重新构造主旨相近的题目。③少数题目的含义较为含混,予以删除。④对一些题目的陈述方式进行了调整,使其更符合中文的表达习惯。

五、小样本测试

修改后的问卷通过重庆市中小企业局、重庆大学 EDP 高级总裁研修班、重庆广播电视大学的成人学生进行小样本测试,选取成立时间 8 年以下的新创企业,共回收 82 份填答完整的问卷。根据小样本数据的统计分析结果,我们对问卷再次进行了调整,主要是:①修改描述不太适合大多数新创企业的题项。②对一些题目的措辞进一步进行了修改。③在保证信度和效度的前提下,对题项过多的量表进行精简,以缩短答题时间。

总体看来,几轮修改之后的量表具备较好的信度和效度,比原始量表更适合中国企业的管理情境及新创企业的实际情况,也更便于新创企业管理人员理解和作答,因此这一轮修改后的问卷即被用于随后的正式调查。修改后的问卷平均答题时间需要 10 分钟,答题者能够集中精力认真作答。

第三节 量表

本书需要验证知识、能力、战略、竞争优势等几方面的相关关系,因此,指标设计涉及四个方面:

1. 知识方面的指标,用来表征新创企业对内外部知识进行吸收获取、转化利用、创新等的程度。
2. 能力方面的指标,用来表征新创企业在营销能力、技术能力、企业家能力等方面的强弱和演化。
3. 战略方面的指标,用来表征新创企业在市场竞争中的策略及行动。
4. 竞争优势方面的指标,用来表征企业在市场竞争中的竞争优势。

一、知识量表

整合国内外相关学者对知识构成的研究,参考 Lane et al. (2001),Prieto 等(2008),Grant(1997),Wiklund 和 Shepherd(2003),Wu(2009)的量表以及朱秀梅,张妍,陈雪莹(2011)等学者的量表,提出知识获取、知识利用、知识创新等三方面的测量项目,进行翻译整合。各项目的具体描述及指标代码如表4-1。对于以上度量指标,本书选用 Likert 五级标度的评分指标,用"1"表示"完全不同意";用"2"表示"不同意";用"3"表示"一般";用"4"表示"同意";用"5"表示"完全同意",问卷的填写者根据实际情况进行选择。

表 4-1　　　　　　　　　知识的测量项目

Table 4-1　　　　　　　　Measurement Items of Knowledge

知识指标	测量项目	指标代码
知识获取	企业能够快速地理解、引进外部知识	ZS1-1
	企业鼓励内部员工之间的信息交流	ZS1-2
	企业能够很好地融合新、旧知识	ZS1-3
	企业能够快速辨别知识是否有用	ZS1-4
	企业有专门的知识归类机制,定期对知识加以整理	ZS1-5

续表

知识指标	测量项目	指标代码
知识利用	企业能够很好地模仿所学到的内容	ZS2-1
	企业能够快速有效的将新知识提供给需要的员工	ZS2-2
	企业能够快速有效的将新知识利用在重要的工作	ZS2-3
	企业能够快速有效的将新知识应用到相关产品或服务上	ZS2-4
知识创新	企业重视各方面的学习和创新	ZS3-1
	为了追求卓越,企业员工敢于向传统挑战	ZS3-2
	企业鼓励尝试与实验,允许失败	ZS3-3
	企业投入大量的资金人力进行创新	ZS3-4

二、能力量表

整合国内外相关学者对企业能力构成的研究,提出技术能力,营销能力,企业家能力等三方面测量项目。参考 Sutart & Podolny(1996),Tony & Jozsef(1999)、苗青,王重鸣(2006)等的量表,进行翻译整合。各项能力的具体描述及指标代码如表4-2所示。对于以上度量指标,本书选用 Likert 五级标度的评分指标,用"1"表示"完全不同意";用"2"表示"不同意";用"3"表示"一般";用"4"表示"同意";用"5"表示"完全同意",问卷的填写者根据实际情况进行选择。

表4-2 能力的测量项目
Table 4-2 Measurement Items of Capacity

能力指标	测量项目	指标代码
技术能力	企业拥有高素质的技术人员	NL1-1
	企业具有完善的技术信息监测系统	NL1-2
	企业用于研发的投入较大	NL1-3
	企业技术引进的投入力度较大	NL1-4
	企业产品和技术领先,竞争对手难以模仿	NL1-5
	企业具有与自己技术有关的产品较多,且更新换代速度快	NL1-6

续表

能力指标	测量项目	指标代码
营销能力	企业可以快速察觉到顾客需求的变化	NL2-1
	企业与主要客户经常沟通,能够快速处理顾客反馈信息	NL2-2
	企业营销部门的设置及营销功能完备	NL2-3
	企业具有完善的销售网络,能够对经销商进行很好的控制。	NL2-4
	企业营销策划投入力度大,有策划人才	NL2-5
	企业销售人员业务技能高	NL2-6
企业家能力	企业领导人具有强烈的事业心	NL3-1
	企业领导人具有丰富的行业经验	NL3-2
	企业领导人能够合理配置企业内部人、财、物等各项资源	NL3-3
	企业领导人能与政府等相关机构建立了良好的关系	NL3-4
	企业领导人能够组建高效的组织机构,优化工作流程	NL3-5
	企业领导人能够沉着冷静准确的应对各种变化,及时调整战略目标和经营思路	NL3-6

三、战略量表

整合国内外相关学者对企业战略构成的研究,提出市场预见、快速反应、灵活行动等三方面测量项目。参考 Covin Slevin(1996)、Dess 和 Lumpkin(1996)、石盛林等(2011)所开发的量表,进行翻译整合。各项目的具体描述及指标代码如表4-3。对于以上度量指标,本书选用 Likert 五级标度的评分指标,用"1"表示"完全不同意";用"2"表示"不同意";用"3"表示"一般";用"4"表示"同意";用"5"表示"完全同意",问卷的填写者根据实际情况进行选择。

表4-3　　　　　　　　　　　战略的测量项目
Table 4-3　　　　　　　　Measurement Items of Strategy

战略指标	测量项目	指标代码
市场预见	企业能时刻对市场环境变化保持警觉	ZY1-1
	企业能准确识别出可以利用的市场机会	ZY1-2
	企业能准确预见未来市场走势	ZY1-3
	企业能够沉着冷静地应对各种变化	ZY1-4
快速反应	企业能够快速以较低成本向消费者提供创新产品	ZY2-1
	企业能够快速察觉竞争对手的行动并快速反应	ZY2-2
	企业能够快速形成战略决策	ZY2-3
	企业长期致力于缩短经营周期	ZY2-4
	企业能够在短期内提供更多的顾客价值	ZY2-5
灵活行动	企业经常对竞争对手研究，根据竞争对手的行动灵活采取相应行动	ZY3-1
	企业经常通过战略突破，不断自我调整，自我超越	ZY3-2
	企业重视对竞争对手的研究、学习和预见	ZY3-3
	企业注重多种竞争行为的协调	ZY3-4

四、竞争优势量表

整合国内外相关学者对竞争优势构成的研究，提出差异化竞争优势和低成本竞争优势等两方面测量项目。参考 Langerak(2003)、Day & Wensley(1988)、Dess & Davis(1984)、张雪兰(2005)的测量量表，进行翻译整合。各项目的具体描述及指标代码如表4-4。对于以上度量指标，本书选用 Likert 五级标度的评分指标，用"1"表示"完全不同意"；用"2"表示"不同意"；用"3"表示"一般"；用"4"表示"同意"；用"5"表示"完全同意"，问卷的填写者根据实际情况进行选择。

表 4-4 竞争优势的测量项目
Table 4-4 Measurement Items of Competitive Advantage

竞争优势指标	测量项目	指标代码
差异化优势	我们的竞争优势在于产品优质	YS1-1
	我们将产品与服务相结合,为顾客创造优异的价值。	YS1-2
	我们逐步建立了高品质的产品和品牌形象	YS1-3
	我们能比竞争对手更能发掘顾客的需求,继而提供令顾客满意的产品和服务	YS1-4
低成本优势	我们的竞争优势在于运营效率	YS2-1
	我们以比竞争对手低的价格为顾客创造更多的价值	YS2-2
	我们依靠新技术的应用而做到运营成本低于竞争对手	YS2-3
	我们在原材料/产品采购方面具有成本优势	YS2-4

第四节 研究方法

一、探索性因子分析(EFA)

探索性因子分析(Exploratory Factor Analysis, EFA)是一项用来找出多元观测变量的本质结构、并进行处理降维的方法。其主要作用及目的是确认量表因素结构或一组变量的模型,常考虑的是要决定多少个因素和构念,同时因素负荷量的组型如何(吴明隆,2009)。

二、验证性因子分析(CFA)

验证性因子分析(Confirmatory Factor Analysis, CFA)是指基于变量的协方差矩阵来分析变量之间关系的一种统计方法,主要偏重于检验假定的观察变量与假定的潜在变量之间的关系。CFA 的进行必须有特定的理论观点或概念架构作为基础,然后借用数学程序来确认评估该理论观点所导出的计量模型是否恰当、合理。

在实际应用上,研究可能会同时使用到探索性因素分析与验证性因素分析,有效区分两种分析方法的差异及其适用情景是非常重要的(Stevens,1996)。EFA 和 CFA 的差异见表 4-5。

表 4-5　　　　　　EFA 和 CFA 的差异比较表(Stevens,1996)

Table 4-5　The Differences and Comparisons Table of EFA and CFA (Stevens,1996)

EFA	CFA
建立量表的建构效度	检验量表建构效度的适切性与真实性
理论产出	理论检验
理论启发——文献基础薄弱	强势的理论或实证基础
决定因素的数目	之前分析后因素的数目已经固定
决定因素间是否有相关	根据之前的分析固定因素间是否相关
变量可以自由归类所有因素	变量固定归类于某一特定因素

在探索性因子分析的操作上,本研究使用 SPSS(Statistics Package for Social Science)17.0 软件,采用主成分分析的因子提取方法和最大方差的旋转方法,按特征根大于 1 的方式提取因子。探索性因子分析中各题项因子载荷的最低可接受值为 0.5(马庆国,2002)。

三、结构方程模型

结构方程模型(Structural Equation Model,SEM)是一种综合运用路径分析(Path Analysis)和验证性因子分析(CFA)方法而形成的一种统计数据分析工具(李怀祖,2004)。同时检验模型中包含的显性变量、潜在变量、干扰或误差变量间的关系,进而获得自变量对依变量影响的直接效果、间接效果或总效果。近十多年来,结构方程模型已成为处理隐变量之间的关系以及隐变量和显变量之间相互影响关系的一种主流社会经济统计分析技术,广泛应用于经济学、管理学、心理学和社会学等领域的研究。

结构方程模型可分为测量方程(Measurement Equation)和结构方程(Structural Equation)两部分(侯杰泰等,2004)。在结构方程模型中,对于所研究的问题,无法直接测量的现象记为潜变量(latent variable)或称隐变量;可直接测量的变量记为观测变量(manifest variable)或显变量。结构方程描述潜变量之间的关系，以及模型中其他变量无法解释的变异量部分。测量方程描述潜变量与显变量(指标)之间的关系，表明潜在变量如何被相对应的显性指标所测量。

结构方程模型的应用可分为4个步骤(侯杰泰等，2004)：模型构建(Model Specification)，即研究人员根据理论或以往研究成果，构建出理论模型，利用结构方程模型分析变量的关系；模型拟合(Model Fitting)，目前极大似然法是应用最广的参数估计方法；模型评价(ModelAssessment)，主要评价结构方程的解是否适当，参数与预设模型的关系是否合理；模型修正(Model Modification)，如果模型不能很好地拟合数据，就需要对模型进行修正和再次设定。通过参数的再设定可以增加模型的拟合程度。

AMOS 是 Analysis of Moment Structures (矩结构分析)的简写，矩结构与协方差矩阵内涵类似，结合了传统的一般线性模型与共同因素分析的技术，应用于结构方程模型(SEM)的分析。AMOS 是 SPSS 家族系列的一种容易使用的可视化软件，由于 SPSS 统计软件使用的普及率甚高，加上 AMOS 的图形绘制模型功能及使用者界面导向模块，使得用 AMOS 来进行 SEM 模型分析的人越来越多。本研究在结构方程建模的统计分析中都使用 AMOS 7.0 作为分析软件。本书运用 AMOS7.0 软件进行分析，可以充分发挥该方法多路径分析对变量之间直接、间接影响关系的特点，有利于更好地理解结构方程模型，更好地避免变量测量误差带来的干扰。

本章小结

本章首先介绍了实证研究的对象，选择重庆本土的成立8年以内的企业作为调研对象。其次介绍了问卷设计与数据收集过程，为确保测量工具的效度及信度，尽量选用国内外研究中使用过的量表，并特别考虑了其在中国情境下的适用性及对于新创企业的适用性。经过初步设计、预测试、小样本测试、问题调整等几个阶段后确定最终问卷，分别给出了知识、能力、战略、竞争优势等四个变量的测量量表。最后介绍了研究方法，根据研究需要选择探索性因素分析(EFA)、验证性因素分析(CFA)和结构方程模型(SEM)作为本书的实证研究方法，并介绍了这几种研究方法的特点和计量要求。

第五章
数据分析

本章在上一章设计出正式问卷的基础上,确定调研范围与对象,随后开展大规模正式调研。待问卷回收后对其数据进行描述性统计分析,以初步了解样本的基本特征。接着进入实证研究环节,首先通过信度、效度检验对数据质量进行分析;然后利用 AMOS 统计软件进行回归分析来对本书所提出的相关假设进行验证。

第一节　问卷调查

一、数据收集

大规模问卷调查在重庆市内进行,主要考虑重庆近几年经济发展迅速,新创企业成长较快,遇到困难也很多,有一定的代表性,同时也方便深入访谈。能够保证调查的客观性和准确性。问卷的发放主要通过重庆市中小企业局、重庆市中小企业网、重庆大学 EDP 高级总裁班、以及重庆广播电视大学成人在职学生等渠道发放。问卷采用纸质问卷和电子邮件两种方式。96.8% 的受访者在公司具有中高级职位,96.7% 的受访者在目前公司工作1年以上,这在很大程度上保证了本研究问卷的真实性和可靠性。调查时间为 2012 年 2-5 月,共发放 652 份问卷,回收 368 份,回收率为 56.4%。剔除非新创企业和填答不完整、明显不认真作答的无效问卷,共有有效问卷238份，有效回收率36.5%。有效样本量符合结构方程模型的要求。本次调研问卷的发放情况和回收结果具体如表5-1所示。

表5-1　　　　　　　　　问卷回收情况
Table 5-1　　　　　Questionnaires Collecting Situation

类别	发放问卷	回收问卷	有效问卷	回收率	有效率
数量	652	368	238	56.4%	36.5%

二、样本特征

1. 企业所属行业

本次调查考虑到了重庆市各行业的特点，尽量使行业分布均匀，能够反映重庆市的经济特征。样本中制造业63家，占26.5%；IT和通讯业40家，占16.8%；金融业14家，占5.9%；房地产业15家，占6.3%；建筑业18家，占7.6%；酒店餐饮业22家，占9.2%；医药业16家，占6.7%；其他行业50家，占21%。本次调查企业所属行业见表5-2。

表5-2　　　　　　　　所属行业分类表
Table 5-2　　　Classification Tables on Correlation Industry

企业背景		样本数	百分比%	累计百分比%
所属行业	IT和通讯业	40	16.8	43.3
	金融业	14	5.9	49.2
	房地产业	15	6.3	55.5
	建筑业	18	7.6	63.1
	酒店餐饮业	22	9.2	72.3
	医药业	16	6.7	79
	其他行业	50	21	100

2. 企业成立年限

本次调研样本选择为重庆市成立8年以内的企业，另将这些成立8年以内的新创企业成立年限分为1-3年内、3-5年内、5-8年内三个时段来观察，具体如表5-3所示。由于成立1年以内的企业刚刚成立，其知识、能力、战略和竞争优势等各方面还不稳明显和稳定，所以剔除了成立不足1年的企业。

表 5 – 3　　　　　　　　成立年限分类表
Table 5 – 3　　　　　Classification Table on Established Time

企业背景		样本数	百分比%	累计百分比%
成立年限	1 – 3 年内	42	17.6	17.6
	3 – 5 年内	70	29.4	47
	5 – 8 年内	126	53	100

3. 企业年销售额

在所调研的企业中，年销售额 3000 万以上的企业 86 家，占 36.1%；1000 万 – 3000 万的企业 79 家，占 33.1%；1000 万以下的 73 家，占 30.7%。见表 5 – 4。

表 5 – 4　　　　　　　　年销售额分类表
Table 5 – 4　　　　　Classification Table on Annual Sales

企业背景		样本数	百分比%	累计百分比%
年销售额（万元）	>3000	86	36.1	36.1
	1000 – 3000	79	33.1	69.2
	<1000	73	30.7	100

④企业员工人数

在所调研的企业中，员工人数 50 人以下 28 家，占 11.8%；50 – 200 人 80 家，占 33.6%；200 – 500 人 78 家，占 32.8%；500 人以上 55 家，占 23.1%。见表 5 – 5。

表 5 – 5　　　　　　　　员工人数分类表
Table 5 – 5　　　　　Classification Table on Employees' Quantity

企业背景		样本数	百分比%	累计百分比%
员工人数	50 – 200	80	33.6	45.4
	200 – 500	78	32.8	78.2
	>500	55	23.1	100

第二节 数据质量检验

一、缺失值处理

在筛选有效问卷的过程中,我们将数据严重缺失的问卷剔除,保留下来的问卷只有零星的数据缺失。问卷开头关于答卷人和企业基本资料的题项绝大部分都回答较好,信息较完整,只有8份问卷的企业基本资料的个别题项缺失,不影响数据分析。在描述企业经营具体情况的52个题项(均以Likert 5级量表测量)中,有个别数据缺失,以下针对这部分题项进行缺失值的统计和处理。

在238份有效问卷中,有14份问卷有个别数据缺失,有数据缺失的问卷比例为5.2%;在52个题项中,单个题项最多缺失3个数据点(完整的应有238个数据点),单个题项缺失数据点的比例最高为1.1%;在全部12376个数据点中,缺失了36个,缺失比例为0.3%。

我们对数据缺失的具体情况进行检查,没有发现明显的规律性,所以认为这些数据是随机缺失的。对于数据随机缺失的情况,5%甚至10%的缺失比例是可以接受的。我们的数据缺失远低于这个水平,因此认为缺失值不会造成太大的问题。

由于结构方程模型要求样本必须有完整的数据,因此我们用EM算法对缺失值进行填充(通过SPSS软件实现)。在缺失率较低且是随机缺失时,各种缺失值处理方法的效果是很接近的,并不会对分析结果造成很大的影响(侯杰泰等,2004)。

二、数据正态分布检验

结构方程模型常用的参数估计方法为极大似然估计法(ML),ML在理论上所要求的最理想的样本数据分布为多元正态分布。不过,多元正态分布是一个过于严格的条件,在实际研究中大部分数据资料都不满足该条件(侯杰泰等,2004)。一些学者认为,由于ML估计方法是稳健(robust)的,当峰度值(kurtosis)小于10,且偏度值(skewness)小于3时,样本数据的非严格标准正态分布特性并不会对ML的估计结果产生足够的影响。因此,

ML估计仍然适用(侯杰泰等,2004;黄芳铭,2005)。此处,我们对单变量的正态分布情况进行检验,主要考察单变量的偏度(Skewness)和峰度(Kurtosis)。如表5-6所示,本研究各项指标偏度值介于-1.448与-.460,远小于3,峰度值介于-.811与3.076,远小于10,由此可认为数据在单变量层面上并未严重地偏离正态分布,均在ML所能容许的范围之内。因此,我们认为数据可以用于结构方程模型分析。每个题项的最小值没有小于1者,最大值没有大于5者,所以没有出现错误值。

表 5-6　　　　　　　　　描述性统计
Table 5-6　　　　　　　Descriptive statistics

题项	极小值	极大值	均值	标准差	偏度	峰度
知识1-1	2	5	4.18	.811	-1.117	1.237
知识1-2	2	5	4.37	.810	-1.349	1.480
知识1-3	1	5	4.18	.838	-1.209	1.769
知识1-4	1	5	4.10	.836	-1.066	1.438
知识1-5	1	5	3.99	1.019	-.852	-.151
知识2-1	2	5	4.08	.796	-.860	.704
知识2-2	2	5	4.16	.779	-.718	.187
知识2-3	2	5	4.21	.767	-.830	.492
知识2-4	2	5	4.19	.749	-.697	.214
知识3-1	2	5	4.36	.743	-.945	.296
知识3-2	1	5	3.89	.944	-.812	.411
知识3-3	1	5	3.76	1.045	-.769	.065
知识3-4	1	5	3.75	1.065	-.496	-.811
能力1-1	1	5	4.26	.847	-1.367	2.075
能力1-2	2	5	4.06	.874	-.802	.101
能力1-3	1	5	3.67	.990	-.460	-.592
能力1-4	2	5	3.87	.972	-.618	-.532
能力1-5	2	5	3.70	.951	-.490	-.641
能力1-6	1	5	3.65	1.036	-.629	-.144

续表

题项	极小值	极大值	均值	标准差	偏度	峰度
能力2-1	2	5	4.27	.696	-.874	1.157
能力2-2	2	5	4.29	.748	-1.131	1.561
能力2-3	1	5	4.16	.862	-1.033	1.030
能力2-4	2	5	4.09	.928	-.889	.007
能力2-5	1	5	4.11	.935	-.907	.265
能力2-6	2	5	4.03	.936	-.876	.011
能力3-1	3	5	4.53	.578	-.775	-.386
能力3-2	2	5	4.48	.698	-1.277	1.379
能力3-3	1	5	4.23	.876	-1.448	2.500
能力3-4	2	5	4.34	.749	-1.125	1.247
能力3-5	2	5	4.34	.761	-1.115	1.087
能力3-6	2	5	4.40	.691	-.885	.181
战略1-1	1	5	4.27	.708	-1.157	3.076
战略1-2	1	5	4.18	.811	-1.021	1.388
战略1-3	1	5	4.07	.859	-1.016	1.124
战略1-4	2	5	4.28	.661	-.549	.085
战略2-1	1	5	3.97	.997	-.962	.585
战略2-2	1	5	4.21	.745	-1.103	2.426
战略2-3	1	5	4.23	.795	-1.141	1.876
战略2-4	2	5	3.99	.886	-.645	-.239
战略2-5	1	5	3.98	.890	-.762	.342
战略3-1	1	5	4.03	.899	-.838	.413
战略3-2	2	5	4.12	.844	-.821	.211
战略3-3	1	5	4.13	.807	-.817	.907
战略3-4	1	5	4.13	.877	-1.157	1.684
优势1-1	1	5	3.99	1.019	-1.094	.709

续表

题项	极小值	极大值	均值	标准差	偏度	峰度
优势1-2	2	5	4.27	.708	-.725	.342
优势1-3	2	5	4.26	.668	-.526	.005
优势1-4	2	5	4.19	.782	-.780	.252
优势2-1	2	5	4.01	.847	-.773	.240
优势2-2	1	5	3.67	1.191	-.762	-.441
优势2-3	1	5	3.66	1.027	-.591	-.288
优势2-4	1	5	3.69	1.146	-.693	-.467

第三节 效度和信度检验

效度一般指测量结果的正确程度，问卷的效度主要衡量测量结果与预定测量目标之间的差距。对于调查问卷来说，问卷的效度就是指问卷可以在何种程度上反映它所用来测量的理论概念(曾五一、黄炳艺，2005)。一个测验的效度越高，表示测验的结果越能显现其所欲测量对象的真正特质。本研究采用三种效度分析，分别为内容效度、效标关联效度、建构效度。

内容效度(content validity)：内容效度又叫做逻辑效度(logical validity)，具体来讲就是问卷中所设计的题项能不能代表预先所要测量的内容或者主题，其目的在于系统地检查问卷内容的适切性与代表性。内容效度常以题目分布的合理性来判断，判断方法为：(1)测量工具是否可以真正测量到研究者所要测量的变量。(2)测量工具是否涵盖了所要测量的变量。调研人员必须检查量表中的项目能否足够地覆盖测量对象的主要方面。本研究为了确保问卷设计的有效性，所使用问卷项目基本上都来自过去的文献，经过前人多次实践检验之后所形成的成熟量表。还通过咨询相关领域的专家、预试并修改问卷的部分提法、内容。在问卷定稿之前，有针对性的选择了32位企业中高层管理人员进行一次初步访谈和问卷发放测试，主要测试内容包括问卷中问题表述的是否清晰以及问题设计得是否合理。根据初步访谈和前期的发放测试，对问卷指标进行调整以确保问卷的合理性和有效性,故此能够认为本问卷具有较好的内容效度。

效标关联效度(criterion – related validity):效标关联效度又称实证效度(empirical validity),是指测验与外在效标间关系的程度,如果测验与外在效标间的相关愈高,表示此测验的效标关联效度愈高。依照其使用时间间隔的长短又可分为预测效度(predictive validity)和同时效度(concurrent validity)。前者是指测验分数与将来的效标之间关系的程度;后者是指测验分数与目前效标之间关系的程度。本研究并非为预测性质,因此不做预测效度方面的检定。

建构效度(construct validity):建构效度是指能够测量出理论的特质或概念的程度,即实际的测验分数能解释多少某一心理特质。建构是用来解释个体行为的假设性的理论架构心理特质,因而建构效度就是"能够测量到理论建构心理特质的程度"(王保进,2002)。通常衡量的效度愈高,表示测量的结果愈能显现其所欲测量对象的真正特征。建构效度分为收敛效度(convergent)与区别效度(discriminant)。收敛效度是是指相同概念里的项目,彼此之间相关度高。区别效度是指不同概念里的项目,彼此相关度低。关于衡量建构效度的方法,最常用的为因子分析法。同一构面中,因子负荷值越大(通常为0.5以上),表示收敛效度越高;每一个项目只能在其所属的构面中,出现一个大于0.5以上的因子负荷值,符合这个条件的项目越多,则量表的区别效度越高。

信度(reliability)即是测验所得结果的一致性(internal consistency)或稳定性(stability),具体来说就是不同测量者采取同一测量工具所反映出的一致性水平,并据此来考察相同条件下重复测量结果其相似程度,也就是说一组项目是不是在测量同一个概念。信度常用衡量指标有三:稳定性(stability)、等值性(equivalence)及内部一致性(internal consistency),本研究以内部一致性进行衡量。内部一致性主要是衡量量表中,同一构面所有题项,是否在衡量同一构面,一般多以相关程度高低判定。在实际应用上,以库李信度(Kuder – richdson)之类型最常被使用。而库李信度类型中,最常被使用的则是 L. J. Cronbach 所创立的系数 α,一般称为 Cronbach's α 系数。该指标已经被广泛证实是检验多维度量表可靠性的有效指标。α 系数介于 0 至 1 之间,一般来说,测量变量的一致性系数 Cronbach's α 系数应该大于 0.7 才能满足研究要求(吴明隆,2010)。本研究以 α 值 >0.7 为临界值来检验各测量变量的信度。

本研究在问卷设计过程中尽量参考成熟量表,很大程度上属于理论驱动的方法。但为适应本研究的需要,我们对量表进行了适当修改,因此我们将用探索性因子分析和验证性因子分析两种方法分构面对量表的效度和信度进行检验。

一、评估程序、内容与标准

检验各测量模型的信度、效度的程序、内容与标准如下：

1. 分析各变量测量指标的维度结构

采用探索性因子分析方法分析各变量测量指标的维度数及各变量某一特定维度的一维性程度。对某变量进行因子分析的前提是该变量各测量指标之间具有相关性。因此，在对各变量测量指标进行因子分析前必须进行 KMO（Kaiser – Meyer – Olkin）样本测度与 Bartlett 球形检验（Bartlett's Test）（马庆国，2002）。KMO 越接近 1，越适合于作因子分析。KMO 过小，不适合作因子分析。一般认为，KMO 值在 0.9 以上被认定是极其适合进行因子分析的，在 0.8 - 0.9 之间被认为是较为良好的，在 0.6 - 0.8 之间被认为是可以接受的，在 0.5 - 0.6 之间被认为是勉强能够接受的，而小于 0.5 则认为是不可以接受的（Kaiser, 1974）。故此，本研究对量表的效度检验首先进行 KMO 样本测度与 Bartlett 球体检验，以 KMO 值大于 0.5 做为标准来判定数据是否适合进行因子分析。

2. 分析各变量（或维度）相应各测量指标的内部一致性、聚合效度、信度 R^2 与测量误差的界定问题，以及各潜变量（或维度）的组合信度与平均抽取方差（AVE）。

本研究采用通常的 Cronbach's α 系数大于或等于 0.7 作为各观察变量间内部一致性信度可被接受的临界值标准。

在 CFA 中，通常用标准化估计值 λ 作为观察变量对其潜变量（或维度）因子负载。本研究采用吴明隆（2010）的观点，认为当因子负载界于 0.5 至 0.95 之间，且 T 值大于相应显著水平下临界值时，则认为该潜变量（或维度）各测量指标在该显著水平下具有良好的聚合效度。

通常用平方复相关系数（Squared Multiple Correlation）R^2 值（通常介于 0.00 至 1.00 之间）作为各测量指标（观察变量）的信度指标，用于测量某观察变量被其所反映之潜在变量解释的程度。信度系数 R^2 为因素负载值的平方，本研究采用吴明隆（2010）的观点，认为 R^2 应该大于 0.5。

通常用组合信度（composite reliability）作为潜变量的建构信度（construct reliability）。其计算公式为，$\rho_c = (\sum \lambda)^2 / [(\sum \lambda)^2 + \sum(\theta)]$，其中 ρ_c 为建

构信度，λ为观察变量在潜变量上的标准化负载，θ为观察变量的测量误差。本研究采用吴明隆(2010)的观点，将0.6作为各潜变量建构信度能否被接受的临界标准。

平均方差抽取量 AVE(Average Variance Extracted)是一个与组合信度类似的指标，可以直接显示被潜在构念所解释的变异量有多少来自于测量误差。AVE 值越大，指标变量被潜在变量解释的变异量百分比越大，相对的测量误差就越小，一般的判别标准是 AVE 要大于 0.5。AVE 的计算公式为，$AVE = (\sum \lambda^2)/[\sum \lambda^2 + \sum(\theta)]$，其中 λ 为观察变量在潜变量上的标准化负载，θ 为观察变量的测量误差。

③测量模型的整体拟合水平分析

对于结构方程模型的拟合指数，参照结构方程模型专家的建议(吴明隆，2010)和管理学者在实际研究中的做法(Bollen, Joreskog & Sorbom, 2007)，我们选择七个具有代表性的模型拟合参数 x^2（卡方）、DF、RMR、AGFI、NFI、CFI、IFI 和 RMSEA 来验证各潜在变量的建构效度。这些指标争议较小，也足以评价结构方程模型的拟合度。本研究拟采用 CFA 模型拟合指数及相应适配标准见表 5-7。

表 5-7　　本研究拟采用 CFA 模型拟合指数及相应适配标准

Table 5-7　The Study Intends to Adopt the Model CFA Fit Indices and the Corresponding Adapting Standard

拟合指数	x^2/df	GFI	AGFI	RMSEA	RMR	NFI	IFI	CFI
适配标准	<3	>0.9	>0.9	<0.08	<0.05	>0.9	>0.9	>0.9

二、知识的信、效度检验

对知识构面全部测量指标进行 KMO 样本测度与 Bartlett 球形检验知，其 KMO 值为 0.901，>0.9，且其 Bartlett 统计值的显著性概率为 0.000，远小于通常 0.01 的标准，如表 5-8 所示，表明此测量数据非常适合进行因子分析。

表 5-8　　　　　　　知识构面的 KMO 和 Bartlett 检验
Table 5-8　　　The Test of KMO and Bartlett of Knowledge Dimension

KMO and Bartlett's Test		
Kaiser-Meyer-Olkin Measure of Sampling Adequacy.		.901
Bartlett's Test of Sphericity	Approx. Chi-Square	1341.580
	df	66
	Sig.	.000

对知识构面全部测量数据进行探索性因子分析 EFA,结果共得到三个特征值大于 1 的因子,且各测量指标对相应因子的负载大小情况显示各因子与测量指标的对应关系同本研究事先设定的完全一致。该三个因子共累积解释了全部方差的 65.633%。继续对知识的知识获取、知识应用及知识创新三维度数据进行因子分析,结果发现,该三维度分别各自仅得到一个特征值大于 1 的公共因子,它们分别解释了该三维度各自 63.189%,69.381% 与 62.824% 的总方差,表明各维度测量数据具有较好的一维性。知识构面及其知识获取、知识应用、知识创新三维度的 Crohbach's α 系数值如表 5-9 所示,分别为 0.899、0.799、0.767 和 0.792,均达到了 0.7 的标准值要求,表明知识构面及知识获取、知识应用、知识创新三个维度测量指标的样本数据具有良好的内部一致性。

表 5-9　　　　　　　知识的 Crohbach's α 系数
Table 5-9　　　　　Knowledge Crohbach's α Coefficient

变量	题项数	α 值	参考值
知识	12	.899	
知识获取	4	.799	$\alpha > 0.7$
知识应用	4	.767	
知识创新	4	.792	

按照如图 5-1 所示模型对知识测量模型进行验证性因素分析 CFA,结果如表 5-10 和表 5-11 所示。

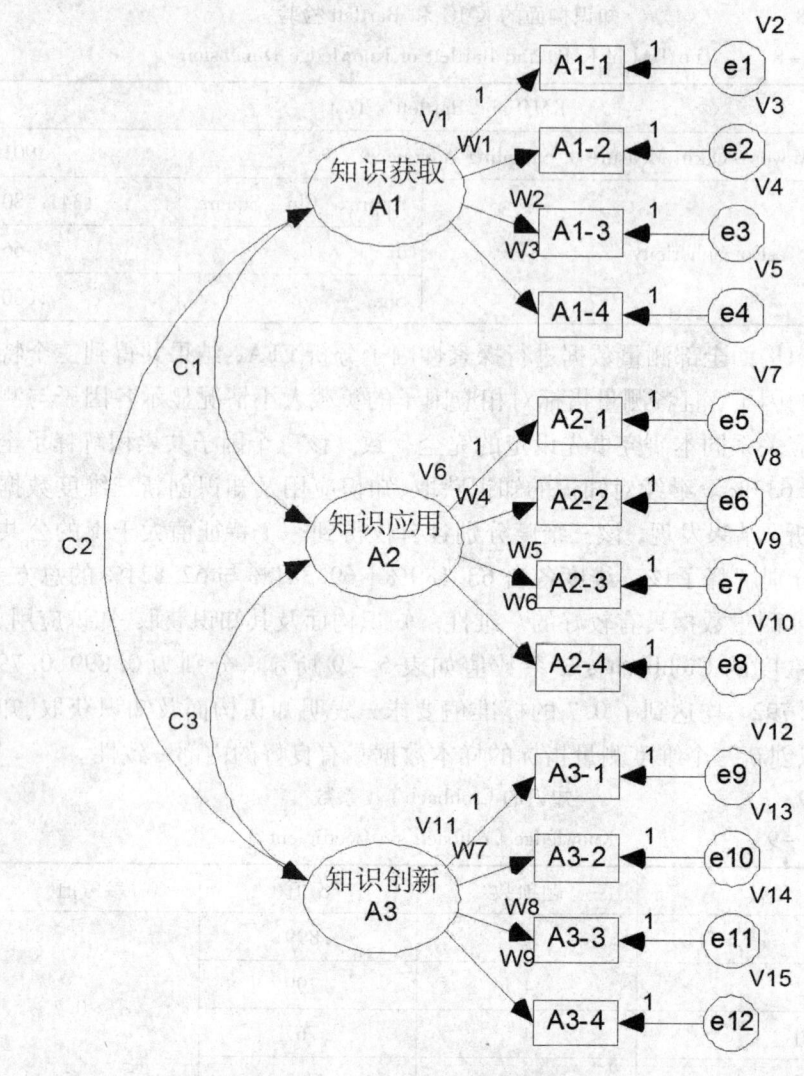

图 5 – 1　知识 CFA 模型

Fig 5 – 1　The Model of Knowledge CFA

表 5-10　　知识测量模型 CFA 因子负载及相关信、效度值

Table 5-10　Factor Loadings and Related Reliability and Validity Values of Knowledge Measurement Model CFA

维度	指标	因子负载				信、效度值		
		非标准化	标准误	T 值	标准化	R^2	ρ_c	AVE
知识获取 A1	A1-1	1.000			.778	.605	.891	.672
	A1-2	1.177	.117	10.046	.840	.706		
	A1-3	1.021	.109	9.355	.813	.661		
	A1-4	1.076	.130	8.247	.845	.714		
知识应用 A2	A2-1	1.000			.718	.515	.852	.591
	A2-2	1.162	.156	7.459	.832	.692		
	A2-3	1.485	.210	7.082	.808	.652		
	A2-4	.911	.125	7.294	.709	.503		
知识创新 A3	A3-1	1.000			.708	.501	.870	.626
	A3-2	1.756	.234	7.507	.816	.667		
	A3-3	1.929	.258	7.485	.817	.668		
	A3-4	1.967	.263	7.487	.819	.671		

表 5-11　　知识测量模型 CFA 拟合指数

Table 5-11　Fit Index of CFA Knowledge Measurement Model

拟合指数	x^2/df	GFI	AGFI	RMSEA	RMR	NFI	IFI	CFI
适配标准	<3	>0.9	>0.9	<0.08	<0.05	>0.9	>0.9	>0.9
实际值	1.735	.950	.910	.056	.032	.946	.976	.976

如表 5-10 所示，知识获取、知识应用、知识创新三维度的测量指标对相应维度的因子负载 C.R. 值（T 值）最低为 7.082，远远超过了所要求的临界值 2.58，表明各指标对相应维度的因子负载均显著大于 0。而且，各指标因子负载值完全标准化值最低为 0.708、最高为 0.845，均在 0.5-0.95 之间，表明知识获取、知识应用、知识创新等三个维度的各项测量指标均具有良好的聚合效度。由 R^2 栏可知，各维度的各测量指标信度值最低为 0.501，均超过了通常 0.

5 的要求值，表明知识获取、知识应用、知识创新三维度的各测量指标具有良好的信度。由 ρ_c 栏可知，知识获取、知识应用、知识创新三维度的组合信度值分别为 0.891、0.852、0.870，大于通常 0.6 的标准，表明各维度具有良好的建构信度。最后，三维度 AVE 的值分别为 0.672、0.591 和 0.626，超过通常 0.5 的标准，表明各维度测量指标的方差只有少数来自误差变异。

从表 5－11 所示的知识 CFA 模型的各项拟合指数可以看出，x^2/df = 1.735、RMR = 0.032、RMSEA = 0.056、AGFI = 0.910、GFI = 0.950、NFI = 0.946、IFI = 0.976、CFI = 0.976，模型各项拟合指数均符合相应的要求值标准，显示模型对样本数据拟合情况较理想。

三、能力的信效度检验

对能力构面全部测量指标进行 KMO 样本测度与 Bartlett 球形检验知，其 KMO 值为 0.902，>0.9，且其 Bartlett 统计值的显著性概率为 0.000，远小于通常 0.01 的标准，如表 5－12 所示，表明此测量数据非常适合进行因子分析。

表 5－12　　　　　能力构面的 KMO 和 Bartlett 检验

Table 5－12　　　The Test of KMO and Bartlett on Capacity Dimensions

KMO 和 Bartlett 的检验		
取样足够度的 Kaiser－Meyer－Olkin 度量		.902
Bartlett 的球形度检验	近似卡方	2727.622
	df	153
	Sig.	.000

对能力构面全部测量数据进行探索性因子分析 EFA，结果共得到三个特征值大于 1 的因子，且各测量指标对相应因子的负载大小情况显示各因子与测量指标的对应关系，同本研究事先设定的完全一致。该三个因子共累积解释了全部方差的 63.712%。继续对技术能力、营销能力及企业家能力三维度数据进行因子分析，结果发现，该三维度分别各自仅得到一个特征值大于 1 的公共因子，它们分别解释了该三维度各自 65.283%、61.617% 与 63.239% 的总方差，表明各维度测量数据具有良好的一维性。能力构面及其技术能力、营销能力、企业家能力三维度的 Crohbach's α 系数值如表 5－13 所示，分别为 0.825、0.891 和 0.878，均达到了大于 0.7 的标准值要求，表明技术能力、营销能力、企业家能力

等三个维度测量指标的样本数据具有良好的内部一致性。

表 5-13　　　　　　　能力的 Crohbach's α 系数

Table 5-13　　　　　Capability Crohbach's α Coefficient

变量	题项数	α 值	参考值
能力	18	.918	
技术能力	6	.825	α > 0.7
营销能力	6	.891	
企业家能力	6	.878	

按照如图 5-2 所示模型对技术能力、营销能力、企业家能力测量模型进行验证性因素分析 CFA，结果如表 5-14、表 5-15 所示。

表 5-14　　　能力测量模型 CFA 因子负载及相关信、效度值

Table 5-14　　Factor Loadings and Related Reliability and Validity Values of Capacity Measurement Model CFA

维度	指标	因子负载				信、效度值		
		非标准化	标准误	T 值	标准化	R^2	ρ_c	AVE
技术能力 B1	B1-1	1.000			.717	.514	.887	.568
	B1-2	1.393	.184	7.572	.738	.545		
	B1-3	1.662	.250	6.636	.776	.602		
	B1-4	1.704	.253	6.737	.816	.665		
	B1-5	1.333	.203	6.583	.749	.561		
	B1-6	1.361	.220	6.177	.719	.516		
营销能力 B2	B2-1	1.000			.764	.584	.894	.584
	B2-2	1.008	.087	11.536	.717	.514		
	B2-3	1.304	.103	12.698	.805	.648		
	B2-4	1.421	.112	12.720	.815	.664		
	B2-5	1.243	.113	11.026	.707	.500		
	B2-6	1.359	.112	12.113	.772	.596		

续表

维度	指标	因子负载				信、效度值		
		非标准化	标准误	T值	标准化	R^2	ρ_c	AVE
企业家能力 B3	B3-1	1.000			.711	.506	.897	.593
	B3-2	1.429	.128	11.180	.807	.651		
	B3-3	1.564	.158	9.882	.724	.524		
	B3-4	1.217	.133	9.125	.739	.546		
	B3-5	1.527	.140	10.908	.791	.625		
	B3-6	1.474	.128	11.520	.838	.702		

表 5-15　　　　　　　　　能力测量模型 CFA 拟合指数
Table 5-15　　　Fit Index of CFA Capacity Measurement Model

拟合指数	x^2/df	GFI	AGFI	RMSEA	RMR	NFI	IFI	CFI
适配标准	<3	>0.9	>0.9	<0.08	<0.05	>0.9	>0.9	>0.9
实际值	2.019	.916	.906	.066	.036	.922	.959	.959

如表 5-14 所示，技术能力、营销能力、企业家能力的各项测量指标的因子负载 C.R. 值（T 值）最低为 6.177，远远超过了所要求的临界值 2.58，表明各指标对相应维度的因子负载均显著大于 0。而且，各指标因子负载值完全标准化值最低为 0.707、最高为 0.838，均在 0.5-0.95 之间，表明技术能力、营销能力、企业家能力的测量指标均具有良好的聚合效度。由 R^2 栏可知，各维度的各测量指标信度值最低为 0.500，均超过了通常 0.5 的要求值，表明技术能力、营销能力、企业家能力各测量指标具有良好的信度。由 ρ_c 栏可知，技术能力、营销能力、企业家能力的建构信度值分别为 0.887、0.894、0.897，大于通常 0.6 的标准，表明技术能力、营销能力、企业家能力具有良好的建构信度。最后，技术能力、营销能力、企业家能力三维度 AVE 的值分别为 0.568、0.584、0.593，超过通常 0.5 的标准，表明各维度测量指标的方差只有少数来自误差变异。

从表 5-15 所示的能力 CFA 模型的各项拟合指数可以看出，x^2/df = 2.019、RMR = 0.036、RMSEA = 0.066、AGFI = 0.906、GFI = 0.916、NFI = 0.922、IFI = 0.959、CFI = 0.959，模型各项拟合指数均符合相应的要求值标准，显示模型对样本数据拟合情况较理想。

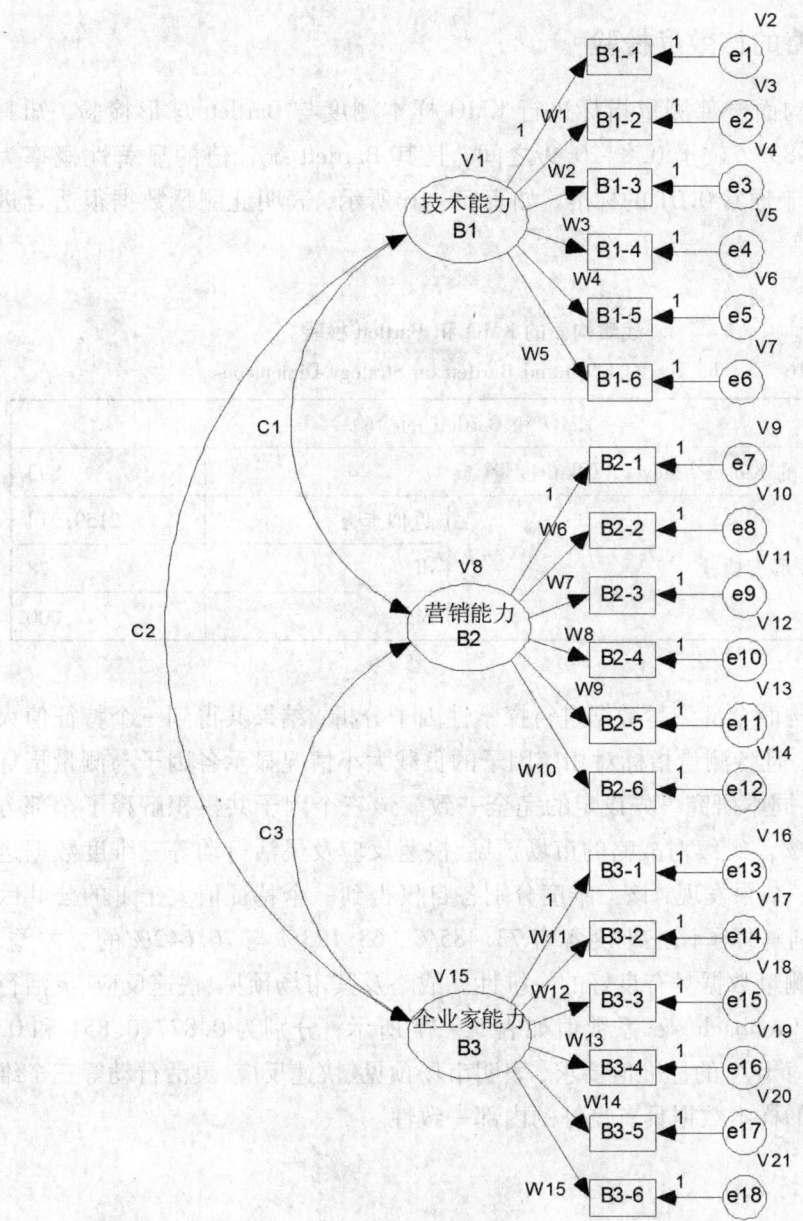

图 5-2 能力 CFA 模型
Fig 5-2 Capability CFA Model

四、战略的信效度检验

对战略构面全部测量指标进行 KMO 样本测度与 Bartlett 球形检验，知其 KMO 值为 0.893，位于 0.8 – 0.9 之间，且其 Bartlett 统计值的显著性概率为 0.000，远小于通常 0.01 的标准，如表 5 – 16 所示，表明此测量数据很适合进行因子分析。

表 5 – 16　　　　战略构面的 KMO 和 Bartlett 检验
Table 5 – 16　　The Test of KMO and Bartlett on Strategy Dimensions

KMO 和 Bartlett 的检验		
取样足够度的 Kaiser – Meyer – Olkin 度量		.893
Bartlett 的球形度检验	近似卡方	2159.914
	df	78
	Sig.	.000

对战略构面全部测量数据进行探索性因子分析，结果共得到三个特征值大于 1 的因子，且各测量指标对相应因子的负载大小情况显示各因子与测量指标的对应关系，同本研究事先设定的完全一致。该三个因子共累积解释了全部方差的 68.014%。继续对战略的市场预见、快速反应及灵活行动等三维度数据进行因子分析，结果发现，该三维度分别各自仅得到一个特征值大于 1 的公共因子，它们分别解释了该三维度各自 73.485%、63.123% 与 76.642% 的总方差，表明各维度测量数据具有良好的一维性。战略及其市场预见、快速反应、灵活行动三维度的 Crohbach's α 系数值如表 5 – 17 所示，分别为 0.877、0.851 和 0.897，均达到了 0.7 的标准值要求，表明市场预见、快速反应、灵活行动等三个维度测量指标的样本数据具有良好的内部一致性。

表 5 – 17　　　　　　　战略的 Crohbach's α 系数
Table 5 – 17　　　　　　Strategy Crohbach's α Coefficient

变量	题项数	α 值	参考值
战略	13	.914	
市场预见	4	.877	α > 0.7
快速反应	5	.851	
灵活行动	4	.897	

按照图 5 – 3 所示模型对战略测量模型进行验证性因素分析 CFA，结果如表5 – 18、5 – 19 所示。

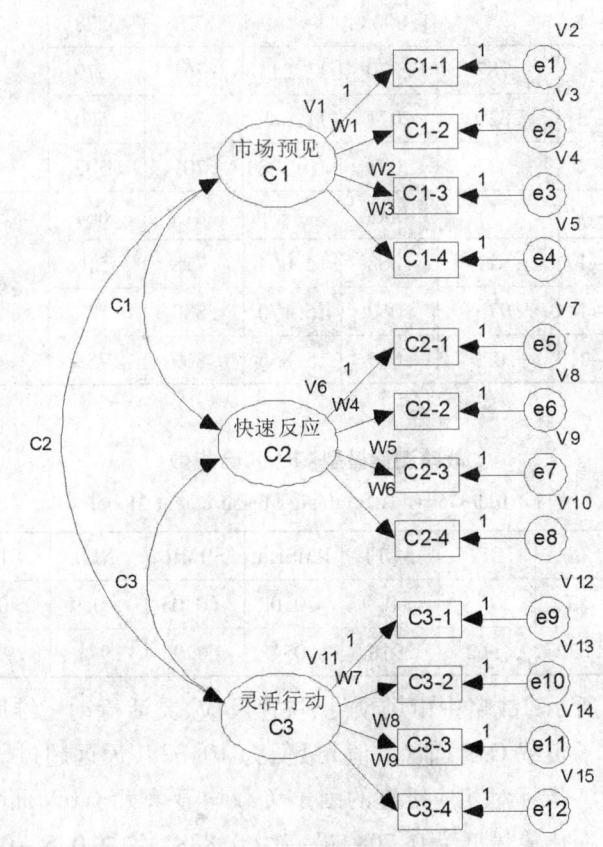

图 5 – 3　战略 CFA 模型
Fig 5 – 3　Strategic CFA Model

表 5 – 18　　战略测量模型 CFA 因子负载及相关信、效度值

Table 5 – 18　Factor Loadings and Related Reliability and Validity Values of Strategic Measurement Model CFA

维度	指标	因子负载				信、效度值		
		非标准化	标准误	T 值	标准化	R^2	ρ_c	AVE
市场预见 C1	C1 – 1	1.000			.842	.709	.8804	.6492
	C1 – 2	1.144	.071	16.024	.849	.720		
	C1 – 3	1.179	.077	15.397	.821	.674		
	C1 – 4	.767	.063	12.146	.708	.501		
快速反应 C2	C2 – 1	1.000			.727	.528	.8246	.5408
	C2 – 2	.787	.070	11.214	.761	.579		
	C2 – 3	.829	.071	11.689	.762	.580		
	C2 – 4	.837	.081	10.328	.709	.502		
灵活行动 C3	C3 – 1	1.000			.815	.664	.8945	.6809
	C3 – 1	.822	.068	12.064	.718	.516		
	C3 – 1	.973	.060	16.170	.888	.789		
	C3 – 1	1.029	.065	15.855	.869	.755		

表 5 – 19　　战略测量模型 CFA 拟合指数

Table 5 – 19　Fit Index of CFA Strategic Measurement Model

拟合指数	x^2/df	GFI	AGFI	RMSEA	SRMR	NFI	IFI	CFI
适配标准	<3	>0.9	>0.9	<0.08	<0.05	>0.9	>0.9	>0.9
实际值	1.622	.962	.918	.051	.029	.971	.971	.988

如表 5 – 18 所示，战略中市场预见、快速反应、灵活行动三维度的测量指标对相应维度的因子负载 C. R. 值（T 值）最低为 10.328，远远超过了所要求的临界值 2.58，表明各指标对相应维度的因子负载均显著大于 0。而且，各指标因子负载值完全标准化值最低为 0.708、最高为 0.888，均在 0.5 – 0.95 之间，表明市场预见、快速反应、灵活行动三维度的测量指标均具有良好的聚合效度。由 R^2 栏可知，市场预见、快速反应、灵活行动三维度各测量指标信度值最低为

0.501,均超过了通常 0.5 的要求值,表明市场预见、快速反应、灵活行动三维度各测量指标具有良好的信度。由 ρ_c 栏可知,市场预见、快速反应、灵活行动三维度的组合信度值最低为 0.880、0.825、0.895,大于通常 0.6 的标准,表明各维度具有良好的建构信度。最后,市场预见、快速反应、灵活行动三维度平均变异抽取量 AVE 的值分别为 0.649、0.541 和 0.681,超过通常 0.5 的标准,表明各维度测量指标的方差只有少数来自误差变异。

从表 5-19 所示的战略 CFA 模型的各项拟合指数可以看出,x^2/df = 1.622、RMR = 0.029、RMSEA = 0.051、AGFI = 0.918、GFI = 0.962、NFI = 0.971、IFI = 0.971、CFI = 0.988,模型各项拟合指数均符合相应的要求值标准,显示模型对样本数据拟合情况较理想。

五、竞争优势的信效度检验

对竞争优势构面全部测量指标进行 KMO 样本测度与 Bartlett 球形检验知,其 KMO 值为 0.822,位于 0.8-0.9 之间,且其 Bartlett 统计值的显著性概率为 0.000,远小于通常 0.01 的标准,如表 5-20 所示,表明此测量数据很适合进行因子分析。

表 5-20　　竞争优势构面的 KMO 和 Bartlett 检验
Table 5-20　The Test of KMO and Bartlett on Competitive Advantage Dimensions

KMO 和 Bartlett 的检验		
取样足够度的 Kaiser-Meyer-Olkin 度量		.822
Bartlett 的球形度检验	近似卡方	691.886
	df	28
	Sig.	.000

对竞争优势构面全部测量数据进行探索性因子分析,结果共得到二个特征值大于 1 的因子,且各测量指标对相应因子的负载大小情况显示各因子与测量指标的对应关系同本研究事先设定的完全一致。该二个因子共累积解释了全部方差的 62.715%。继续对竞争优势的低成本优势和差异化优势等二维度数据进行因子分析,结果发现,该二维度分别各自仅得到一个特征值大于 1 的公共因子,它们分别解释了该二维度各自 69.654%,64.099% 的总方差,表明差异化优势和低成本优势二维度测量数据具有良好的一维性。竞争优势及其二维度

差异化优势与低成本优势二维度的 Crohbach's α 系数值如表 5-21 所示，分别为 0.931、0.877、0.851，均达到了 0.7 的标准值要求，表明差异化优势与低成本优势二个维度测量指标的样本数据具有良好的内部一致性。

表 5-21　　　　　　　竞争优势的 Crohbach's α 系数
Table 5-21　　　Competitive Advantage Crohbach's α Coefficient

变量	题项数	α 值	参考值
竞争优势	8	.931	
低成本优势	4	.877	α > 0.7
差异化优势	4	.851	

按照图 5-4 所示模型对竞争优势测量模型进行验证性因素分析 CFA，结果如表 5-22 和表 5-23 所示。

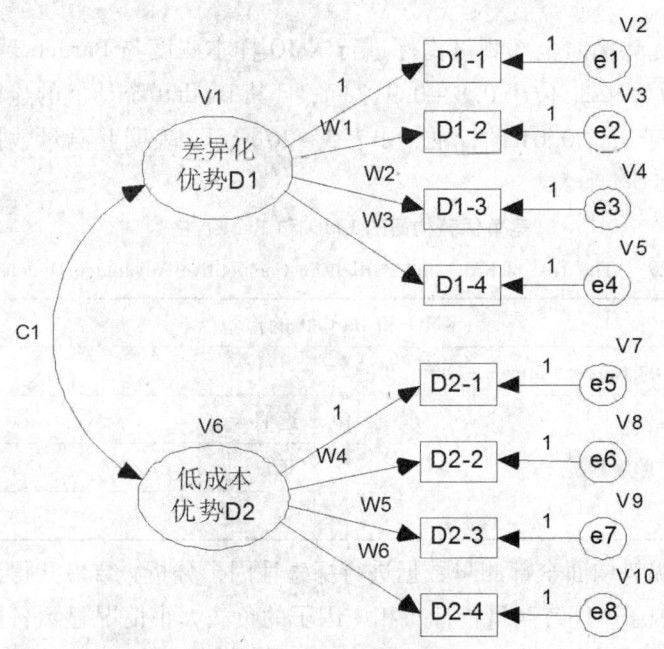

图 5-4　竞争优势 CFA 模型
Fig 5-4　Competitive Advantage CFA Model

表 5 – 22   竞争优势测量模型 CFA 因子负载及相关信、效度值

Table 5 – 22   Factor Loadings and Related Reliability and Validity Values of Competitive Advantage Measurement Model CFA

维度	指标	因子负载				信、效度值		
		非标准化	标准误	T 值	标准化	R^2	ρ_c	AVE
差异化优势 D1	D1–1	1.000			.779	.607	0.869	0.624
	D1–2	.757	.109	6.970	.825	.681		
	D1–3	.888	.113	7.879	.764	.584		
	D1–4	1.072	.134	7.974	.791	.626		
低成本优势 D2	D2–1	1.000			.714	.510	0.862	0.612
	D2–2	1.671	.243	6.874	.806	.650		
	D2–3	1.843	.239	7.714	.727	.529		
	D2–4	1.931	.256	7.553	.871	.759		

表 5 – 23   竞争优势测量模型 CFA 拟合指数

Table 5 – 23   Fit Index of CFA Competitive Advantage Measurement Model

拟合指数	x^2/df	GFI	AGFI	RMSEA	RMR	NFI	IFI	CFI
适配标准	<3	>0.9	>0.9	<0.08	<0.05	>0.9	>0.9	>0.9
实际值	1.893	.975	.932	.061	.034	.965	.983	.983

由表 5.22 可知，竞争优势中差异化优势和低成本优势维度的测量指标对相应维度的因子负载 T 值最低为 6.874，远远超过了 a = 0.01 显著程度所要求的临界值 2.58，表明各指标对相应维度的因子负载均显著大于 0。而且各指标因子负载值完全标准化值最低为 0.714，最高为 0.871，均在 0.5 – 0.95 之间的范围内，表明差异化优势和低成本优势二维度的测量指标均具有良好的聚合效度。由 R^2 栏可知，差异化优势和低成本优势二维度的各测量指标信度值最低为 0.510，均超过了通常 0.5 的要求值，表明差异化优势和低成本优势二维度各测量指标具有良好的信度。由 ρ_c 栏可知，差异化优势和低成本优势二维度的组合信度值分别为 0.869 和 0.862，大于通常 0.6 的标准，表明各维度具有良好的组合信度。最后，差异化优势和低成本优势两维度的平均变异抽取量 AVE

的值分别为 0.624 和 0.612，超过通常 0.5 的标准，表明各维度测量指标的方差只有少数来自误差变异。

从表 5-23 所示的竞争优势 CFA 模型的各项拟合指数可以看出，$x^2/df = 1.893$、RMR = 0.034、RMSEA = 0.061、AGFI = 0.932、GFI = 0.983、NFI = 0.965、IFI = 0.983、CFI = 0.983，模型各项拟合指数均符合相应的要求值标准，显示模型对样本数据拟合情况较理想。

第四节 假设检验

一、模型整体假设检验

按照图 3 所示理论模型用 AMOS 软件进行结构方程分析检验，其整体模型拟合路径系数如表 5-24 所示。

表 5-24　　　　　　　　整体模型拟合路径系数
Table 5-24　　　　　Fit Path Coefficient of Overall Model

路径	非标准化	标准误	T值	P值	假设	结论
知识→能力	.889	.063	14.171	***	H4	支持
能力→战略	.940	.151	6.210	***	H6	支持
知识→战略	-.176	.134	-1.318	.187	H5	不支持
能力→竞争优势	-1.482	5.555	-.267	.790	H2	不支持
知识→竞争优势	.397	1.180	.336	.737	H1	不支持
战略→竞争优势	2.329	5.729	.407	.684	H3	不支持

P = *** 表示 P < 0.001

由该模型拟合情况看来，除了知识→能力，能力→战略两条路径 P 值显示显著外，其余四条路径均不显著，不支持对应假设。其中能力→竞争优势路径系数为 -1.482，知识→战略路径系数为 -0.176，与预期假设在方向上不一致，因此先删除路径能力→竞争优势，再一次进行运算，得到表 5-25。

表 5-25　　　　　　　整体模型拟合路径系数
Table 5-25　　　　　Fit Path Coefficient of Overall Model

路径	非标准化	标准误	T 值	P 值	假设	结论
能力→战略	.923	.148	6.239	***	H6	支持
知识→战略	-.161	.130	-1.232	.218	H5	不支持
知识→竞争优势	.087	.081	1.078	.281	H1	不支持
战略→竞争优势	.800	.112	7.134	***	H3	支持

由该模型拟合情况看来,删除路径能力→竞争优势以后,路径战略→竞争优势拟合显著,对应假设获得支持;知识→战略,知识→竞争优势两条路径仍不显著;其中知识→战略路径系数为 -0.161,与预期假设在方向上不一致。因此删除路径知识→战略,再一次进行运算,得到表 5-26。

表 5-26　　　　　　　模型拟合路径系数
Table 5-26　　　　　Model Fitting Path Coefficient

路径	Estimate	S. E.	C. R.	P	假设	结论
知识→能力	.878	.062	14.044	***	H4	支持
能力→战略	.760	.058	13.040	***	H6	支持
知识→竞争优势	.060	.084	.715	.474	H1	不支持
战略→竞争优势	.834	.117	7.106	***	H3	支持

由该模型拟合情况看来,删除路径知识→战略以后,知识→竞争优势路径系数为 0.06,非常小,且 P=0.474,不显著,不支持对应假设。因此删除路径知识→战略,再一次进行运算,得到表 5-27。

表 5-27　　　　　　　模型拟合路径系数
Table 5-27　　　　　Model Fitting Path Coefficient

路径	Estimate	S. E.	C. R.	P	假设	结论
知识→能力	.894	.062	14.397	***	H4	支持
能力→战略	.793	.060	13.330	***	H6	支持
战略→竞争优势	.814	.054	15.086	***	H3	支持

此次路径系数全部显著,支持对应假设,其标准化路径系数如图 5-5 和表 5-28 所示。

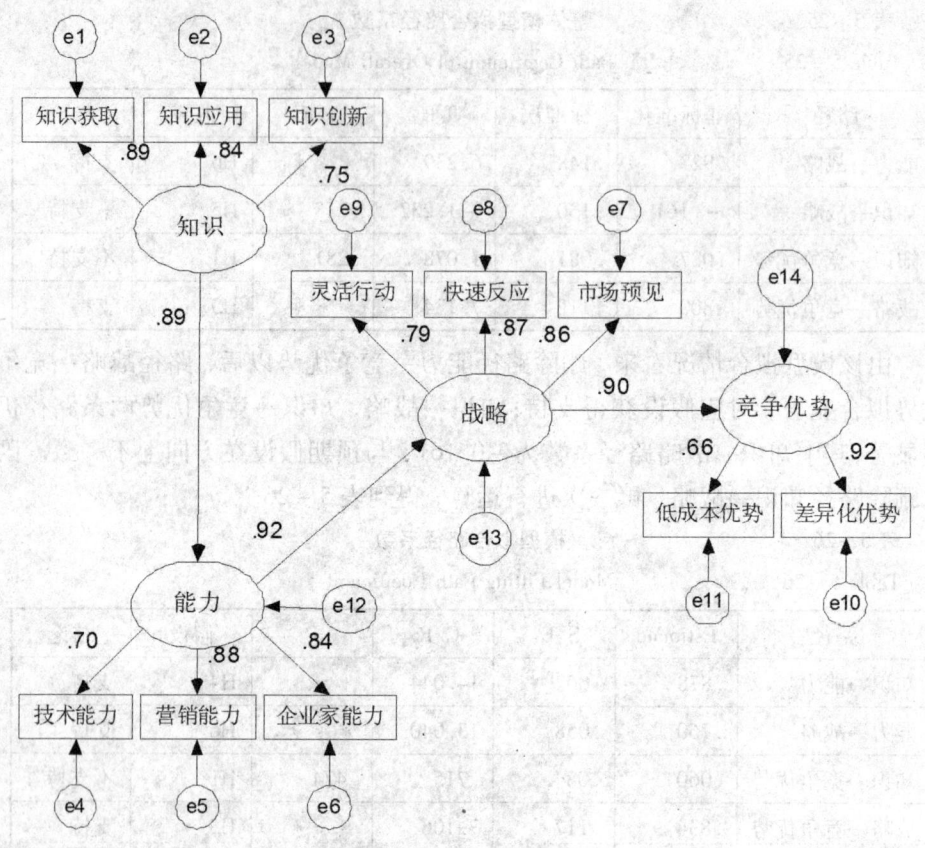

图 5-5 整体模型的标准化估计值
Fig 5-5 Standardized Estimates of the Overall Model

表 5-28 整体模型的路径系数
Table 5-28 Model Fitting Path Coefficient

路径	非标准化	标准误	T值	P值	标准化
知识→能力	.894	.062	14.397	***	.890
能力→战略	.793	.060	13.330	***	.918
战略→竞争优势	.814	.054	15.086	***	.899
知识→知识获取	1.000				.895

续表

路径	非标准化	标准误	T值	P值	标准化
知识→知识应用	.688	.040	17.028	***	.844
知识→知识创新	.777	.055	14.053	***	.752
能力→企业家能力	1.000				.845
能力→营销能力	1.246	.072	17.285	***	.881
能力→技术能力	.993	.082	12.183	***	.699
战略→灵活行动	1.000				.792
战略→快速反应	1.191	.073	16.284	***	.869
战略→市场预见	.892	.056	15.903	***	.855
竞争优势→差异化优势	1.000				.918
竞争优势→低成本优势	.946	.082	11.557	***	.655

进一步对模型进行修正，对修正后的整体模型进行基本适配度、整体适配度、内在适配度检验。

基本适配度主要从以下三个指标判断：①是否没有负的误差变异量，检验结果数据是均为正数；②因素负荷量是否介于0.5－0.95之间，检验结果数据在0.660－0.920之间；③是否没有很大的标准误，检验结果数据在0.04－0.082之间。可见本模式基本适配度三项指标均在临界范围之内，模型适配良好。

内在适配度也是主要参考三项指标：①潜在变量的组合信度 > 0.7。②潜在变量的平均方差抽取值 AVE > 0.5。本模型知识、能力、战略、竞争优势等四个潜在变量的组合信度分别为0.868、0.850、0.878、0.778，平均方差抽取值 AVE 分别为0.687、0.657、0.707、0.641，均在可接受范围之内。③标准化残差的绝对值 < 2.58，本模型的标准化残差值在 -1.699－2.179，绝对值均 < 2.58。可见本模式内在适配度三项指标均在可接受范围之内，模型适配良好。

整体适配度检验表见表5－29。卡方值 $x^2 = 34.936$，显著性概率值 P = 0.067 > 0.05，接受虚无假设，表明总体方差协方差 Σ 矩阵与 $\Sigma\theta$ 矩阵的差异显著等于0，假设理论模型与实际数据间可以拟合。再从其他适配度指标来看，$x^2/df = 1.248 < 2$，RMR = 0.022 < 0.05，RMSEA = 0.032 < 0.08，GFI = 0.975 > 0.9，AGFI = 0.941 > 0.9，NFI = 0.983 > 0.9，RFI = 0.967 > 0.9，IFI = 0.997 >

0.9，CFI = 0.997 > 0.9，PNFI = 0.501 > 0.5，PCFI = 0.507 > 0.5，CN = 238。可见各指标均达到适配标准，表明经过修正的模型有较好的适配度，该修正模型是合适的。

表 5 - 29　　　　　　　　整体适配度检验表
Table 5 - 29　　　　Overall Goodness of Fitting Test Table

适配指标	适配标准	检验结果	适配判断
绝对适配指标			
x^2 值	P > 0.05	34.936(p = .067 > .05)	是
RMR 值	< 0.05	.022	是
RMSEA 值	< 0.08	.032	是
GFI 值	> .90 以上	.975	是
AGFI 值	> .90 以上	.941	是
增值适配指标			
NFI 值	> .90 以上	.983	是
RFI 值	> .90 以上	.967	是
IFI 值	> .90 以上	.997	是
CFI 值	> .90 以上	.997	是
简约适配指标			
PGFI 值	> .50 以上	.414	否
PNFI 值	> .50 以上	.501	是
PCFI 值	> .50 以上	.507	是
CN 值	> 200	238	是
x^2 自由度比	< 2.00	1.248	是

本研究假设检验结果如表 5 - 30 所示。

表 5 – 30　　　　　　　　假设检验结果汇总表
Table 5 – 30　　　Summary Sheet of Hypothesis Testing Results

假设编号	假设内容	假设路径	假设结果
H1	新创企业的知识对竞争优势有直接正向影响	知识→竞争优势	不支持
H2	新创企业的能力对竞争优势有直接正向影响	能力→竞争优势	不支持
H3	新创企业的战略对竞争优势有直接正向影响	战略→竞争优势	支持
H4	新创企业的知识对能力有直接正向影响	知识→能力	支持
H5	新创企业的知识对战略有直接正向影响	知识→战略	不支持
H6	新创企业的能力对战略有直接正向影响	能力→战略	支持

二、变量间的影响效果

各变量间的影响效果包括直接效果、间接效果及总效果三个方面，总影响效果等于直接影响效果加上间接影响效果。本研究中知识、能力、战略对竞争优势的影响效果见表 5 – 31。从表中可以看出，知识、能力、战略对竞争优势都有非常显著的影响效果，总影响效果分别为 0.74、0.83、0.90，战略 > 能力 > 知识。知识和能力是间接影响效果，战略是直接影响效果。

Standardized Direct Effects (Group number 1 – Default model)

	知识	能力	战略	竞争优势
能力	.890	.000	.000	.000
战略	.000	.918	.000	.000
竞争优势	.000	.000	.899	.000
低成本优势	.000	.000	.000	.655

续表

	知识	能力	战略	竞争优势
差异化优势	.000	.000	.000	.918
市场预见	.000	.000	.855	.000
快速反应	.000	.000	.869	.000
灵活行动	.000	.000	.792	.000
技术能力	.000	.699	.000	.000
营销能力	.000	.881	.000	.000
企业家能力	.000	.845	.000	.000
知识创新	.752	.000	.000	.000
知识应用	.844	.000	.000	.000
知识获取	.895	.000	.000	.000

Standardized Indirect Effects (Group number 1 – Default model)

	知识	能力	战略	竞争优势
能力	.000	.000	.000	.000
战略	.817	.000	.000	.000
竞争优势	.735	.825	.000	.000
低成本优势	.481	.541	.589	.000
差异化优势	.675	.758	.826	.000
市场预见	.699	.785	.000	.000
快速反应	.710	.798	.000	.000
灵活行动	.647	.727	.000	.000
技术能力	.623	.000	.000	.000
营销能力	.784	.000	.000	.000
企业家能力	.752	.000	.000	.000
知识创新	.000	.000	.000	.000
知识应用	.000	.000	.000	.000
知识获取	.000	.000	.000	.000

Standardized Total Effects (Group number 1 – Default model)

	知识	能力	战略	竞争优势
能力	.890	.000	.000	.000
战略	.817	.918	.000	.000
竞争优势	.735	.825	.899	.000
低成本优势	.481	.541	.589	.655
差异化优势	.675	.758	.826	.918
市场预见	.699	.785	.855	.000
快速反应	.710	.798	.869	.000
灵活行动	.647	.727	.792	.000
技术能力	.623	.699	.000	.000
营销能力	.784	.881	.000	.000
企业家能力	.752	.845	.000	.000
知识创新	.752	.000	.000	.000
知识应用	.844	.000	.000	.000
知识获取	.895	.000	.000	.000

表 5-31　　　　　　　　各变量对竞争优势的影响效果
Table 5-31　The Effect of Every Variables Affecting Competitive Advantage

影响 变量	直接影响	间接影响			总影响
		能力	战略	竞争优势	
知识	——	.89	.92	.90	.74
能力	——	——	.92	.90	.83
战略	.90	——	——	——	.90

第五节 结果分析

从最后结果来看，最后适配模型与原理论模型差异较大。六个假设中有三个通过验证，三个没有通过验证，我们一一对实证结果进行分析。

1. 对知识、能力、战略、竞争优势等变量的维度的讨论

在知识的三个维度中，知识获取、知识利用、知识创新的因素负荷量分别为0.89、0.84、0.75，可见重庆的新创企业认为知识获取和知识利用比知识创新更为重要。这反映了相比开发、创新，重庆的新创企业更加重视模仿、应用。这应该也反映了国内企业目前的普遍现状，模仿、应用有余，创新不足。创新是新创企业创业过程的本质特征，知识资源是创新过程的重要输入变量，对于天生就有新生劣势的新创企业便显得特别重要，能够帮助它们获得合法性并求得生存和成长。有效获取和创造知识资源无疑是新创企业必须着力解决的重要问题。重庆"莱得快"休闲美食文化公司虽然从事的是传统的休闲小吃行业，但它却能不断进行产品、服务、管理、包装等方面的创新，所以能很快在激烈的市场竞争中脱颖而出，保持持续的竞争优势。

在能力的三个维度中，技术能力、营销能力、企业家能力的因素负荷量分别为0.70、0.88、0.84，反映重庆的新创企业认为营销能力和企业家能力比技术能力更重要，这一结果和知识维度中知识创新相对欠缺是一致的。一般来讲，营销能力和企业家能力能够较快速的帮助新创企业打开市场，拓展网络关系；而技术研发需要一定的时间周期，所以技术能力发挥效果的不像营销能力那样立竿见影，但却可以持续对企业的竞争优势产生影响。

在战略的三个维度中，市场预见、快速反映、灵活行动的因素负荷量分别为0.86、0.87、0.79，可见重庆的新创企业在对战略的认知中认为市场预见和快速反映比灵活行动更重要。新创企业普遍能够保持对市场环境变化的警觉性，大家普遍认为在市场竞争中，新创企业要时刻关注市场的变化，要能对市场的变化有正确的预见，根据对市场的预见发挥新创企业组织结构简单，决策迅速的优势，快速对市场变化采取反映。

竞争优势的两个维度差异化竞争优势和低成本竞争优势的因素负荷量分别为0.92和0.66，差距较大。反映了重庆的新创企业更多的认为差异化竞争优

势更加重要,所以更多的趋向采取差异化竞争。这可能是因为新创企业中以中小企业居多,它们很难像大型企业那样靠大规模生产和严格规范的管理来降低单位产品成本。它们定位于自己的细分市场,满足目标市场的差异化需求,寻求差异化竞争优势。

从以上对知识、能力、战略、竞争优势等变量的维度分析来看,其结果是符合新创企业发展的过程和特点的。新创企业具有小快灵的特点,虽然普遍规模较小,资源有限,但它们对市场具有相当的警觉性,能够时刻关注市场变化,能够根据市场变化快速采取行动。机会对新创企业和成熟企业是均等开放的,认知或预见技术和市场发展的轨迹并不是一件容易的事情。成熟企业根深蒂固的模式会给企业发现机会带来战略束缚,即使发现市场机会也往往由于决策复杂缓慢而迟迟不能采取行动。新创企业经常性地搜寻、查找、探索技术和市场领域的机会,这一活动不仅包括投资研究活动和探求客户需求和技术可能性,还包括理解潜在的需求、行业和市场的结构性演化趋势,供应商和竞争对手的可能反映。新创企业由于企业规模小、层级少、决策模式相对简单快速,因此新创企业在洞察机会后对机会进行评估、验证、决策的速度和灵活性都要远远超过成熟企业。它们处于生命周期的初期,刚刚进入市场,能够在激烈的市场竞争中生存下来是它们的首要任务。因此它们在知识管理、能力培养、战略制定等方面考虑问题更加现实,着眼于眼前。低投入、高回报,而且是能够快速回报,尽快生存下来。

2. 知识对竞争优势影响的讨论

假设 H1 为知识对竞争优势有直接正向影响。实证研究检验结果表明,假设 H1 没有通过验证。这说明知识对竞争优势没有直接的正向影响。这一结论与我们的常识和感觉是相反的。我们通常认为知识是企业的重要资源,是竞争优势的来源,只要拥有了各方面丰富的知识,例如产品知识、营销知识、生产知识、管理知识等,就能自动拥有竞争优势。实证结果澄清了这一认识,拥有了丰富的知识并不等于就自动拥有了竞争优势,只是企业获取竞争优势的基本要素,如何有效的使用知识才是关键。江积海(2007)指出,资源是企业在生产过程中投入的基本要素,资源本身几乎没有生产能力,企业的生产过程需要通过能力对资源进行协调和组合。虽然检验结果表明知识对竞争优势不产生直接正向影响,但并不意味着知识不对竞争优势产生影响。检验结果表明,知识通过知识→能力→战略→竞争优势这一路径对竞争优势产生间接影响。其总的影响效果为0.74，非常显著。其中能力和战略发挥了显著的中介作用。

3. 能力对竞争优势影响的讨论

假设H2为能力对竞争优势有直接正向影响。实证研究检验结果表明，假设H2没有通过验证。这说明能力对竞争优势没有直接的正向影响。这一结论与我们的常识和感觉是相反的。能力基础观认为能力是企业竞争优势的重要源泉，一个企业具备了较强的技术能力、营销能力、生产能力等，就能自动拥有竞争优势。一些学者如Arthurs和Busenitz（2006），胡望斌（2009），葛宝山（2009），Prieto（2009），江积海（2007）也认为能力对竞争优势产生直接正向影响。实证结果澄清了这一认识，具备了较强的能力并不等于就自动拥有了竞争优势。虽然检验结果表明能力对竞争优势不产生直接正向影响，但并不意味着能力不对竞争优势产生影响。检验结果表明，能力通过能力→战略→竞争优势这一路径对竞争优势产生间接影响。其总的影响效果为0.83，非常显著。其中战略发挥了显著的中介作用。一些学者认为，动态能力与企业竞争优势之间存在中介变量的作用，如Wang和Ahemd（2007）认为，能力与企业绩效之间不存在直接关系，在这个关系链条中涉及许多中间环节。曹红军和赵剑波（2008）认为，战略过程在能力对企业绩效的正向关系中发挥中介作用，能力通过企业适应环境变化的战略过程对企业绩效与竞争优势产生积极作用。

4. 战略对竞争优势影响的讨论

假设H3为战略对竞争优势有直接正向影响。实证研究检验结果表明，假设H3通过验证。这说明战略对竞争优势产生直接的正向影响，且影响效果非常显著，达到0.90。企业战略是企业发展的规划和在市场竞争中的行动策略。只有制定良好的发展战略，企业才能获得核心竞争力和竞争优势，只有成功利用这种竞争优势，企业才能达到它赚取超额利润的主要目标（Hitt MichaelA，2002）。通过选择有效的竞争性策略，新创企业不仅自身获得了良好的发展，同时也带动了行业内的技术创新和管理创新，并且从整体上改变了市场的结构和竞争状况（McDougallP P，1990）。正确的战略能够使企业在市场竞争中击败竞争对手获得竞争优势。创业战略并非仅仅指的是某些具体战略选择，而是一个整体的综合性概念，创业战略是影响新创企业绩效的重要因素（Garonne & Davidsson，2010）。通过采取有效的创业战略，新创企业能够获得所需资源，缩短产品的生命周期，保持或形成竞争优势，从而实现自身的良好发展。

5. 知识对能力影响的讨论

假设 H4 为知识对能力有直接正向影响。实证研究检验结果表明，假设 H4 通过验证。这说明知识对能力的形成与演进有直接的正向影响，且影响非常显著，达到 0.89。Zollo 和 Winter(2002)提出如果把企业看作一个知识系统，企业能力的演进可以用组织知识的演进阶段和方式加以说明。能力是在动态环境中企业对可控资源进行加工以完成价值创造活动所必需的知识集合。知识的获取、利用和创新等活动能够促进能力的形成。Kale & Singh(2007)认为，企业需要通过有效的知识管理活动来对企业系统进行修正，进而促使知识顺畅地经过组织学习流程来提升企业的运营惯例和技能，最终完成能力的构建活动。Heimeriks et al (2009)进一步指出，在能力构建活动中，企业需要发展出一种规则来调节企业内的管理活动，如此才能在其内部更有效地分享知识并实现知识固化来形成能力。刘志勇，姜彦福(2009)认为，新创企业的能力演进与成熟企业相比较有一定特殊性，它存在于企业识别、开发创业机会的组织过程中，其形成是由企业的资产地位(主要是创意、专有知识技能等无形资产)和企业发展路径决定。可见从本质上讲，新创企业能力的形成和演进过程是企业知识形成和演进的动态过程，企业改变能力的过程就是企业追寻新知识的过程(Zollo, Winter, 2002)。

6. 知识对战略影响的讨论

假设 H5 为知识对战略有直接正向影响。实证研究检验结果表明，假设 H5 没有通过验证。这说明知识对战略没有直接的正向影响。虽然检验结果表明知识对战略不产生直接正向影响，但并不意味着知识不对战略产生影响。检验结果表明，知识通过知识→能力→战略这一路径对战略产生间接影响。其总的影响效果为 0.82，非常显著。其中能力发挥了显著的中介作用。这是因为作为一种特殊的资源，知识是能力的基础，资源需要通过能力去实现增值，能力只有通过使用资源才能使自身价值得以表现。当企业尝试获取或创造新知识，采取行动解决新问题时，组织亦不断强化或提升其能力。董保宝，李全喜(2013)认为可用于构建竞争优势的资源与能力都是企业的战略性资源，对企业战略的有效实施起到极其重要的作用。在实施战略的过程中，企业应该通过培育和开发这些战略性资源来改善运营效率和效果。索柏民(2008)认为，在知识经济时代，企业的基本经营和战略管理活动都是建立在知识、信息和智力基础之上的，其目的是提升企业的竞争力，创造更大的价值。

7. 能力对战略影响的讨论

假设 H6 为能力对战略有直接正向影响。实证研究检验结果表明，假设 H6 通过验证。这说明能力对战略直接的正向影响，且影响效果非常显著，达到 0.92。新创企业强烈的创业动机使得其对外界环境的变化特别敏感，而且能够迅速做出反映。创业者的自身素质和商业经验，毫无疑问确实能够左右企业的决策，进而对企业战略的制定产生一定的影响。能力在创业发展过程中得到充分重视，通过市场、技术信息的广泛收集和处理，努力满足顾客需求，在产品生产与研发、管理流程优化、市场开发等各方面发挥重要的作用，通过战略行动间接为客户提供价值的活动。新创企业能力由多种能力组合而成，企业倾向于发展符合自身竞争战略的能力，因而得到充分发展的能力必然推动企业战略的制定和实施。

本章小结

本章首先根据预调研形成的正式问卷，开展了大规模正式调研工作。调研选定重庆市成立 8 年以内的新创企业作为调研对象，通过重庆市中小企业局、重庆大学 EDP 高级总裁班、重庆广播电视大学成人学生等几种渠道以纸质和电子邮件两种方式进行调研，最终形成 238 份有效问卷。本书通过 SPSS19.0 统计软件对样本的基本特征进行了描述性统计分析，包括企业所属行业、企业年销售额、企业人数、企业成立年限等方面，为后面的数据分析奠定了基础。对数据的分析处理通过 SPSS19.0 和 AMOS17.0 采用探索性和验证性因子分析。主要包括因子分析、信效度分析、相关分析。在明确了各变量的相关性之后，对理论模型中提出的假设分别进行了验证，并得出了各变量间的路径系数和影响效果。本书所提出的 6 条假设中，H1：新创企业的知识对竞争优势有直接正向影响，H2：新创企业的能力对竞争优势有直接正向影响，H5：新创企业的知识对战略有直接正向影响等 3 条假设没有获得支持。H3：新创企业的战略对竞争优势有直接正向影响，H4：新创企业的知识对能力有直接正向影响，H6：新创企业的能力对战略有直接正向影响等 3 条假设获得支持。三个影响因素知识、能力、战略对竞争优势都有非常显著的影响效果，总影响效果分别为 0.74、0.83、0.90。其中知识和能力是间接影响效果，战略是直接影响效果。本章最后对检验结果一一进行了分析与讨论。

第六章
案例研究

本章采用案例研究方法,选择重庆本土的新创企业"莱得快休闲美食文化公司"(以下简称"莱得快")作为典型性案例,验证性地分析莱得快如何通过知识管理→能力演进→战略竞争的路径在市场竞争中获得竞争优势并实现持续成长。这样对前述理论研究模型的逻辑合理性加以验证,同时深入形象地对知识、能力、战略与竞争优势之间的动态演化关系加以说明,使读者能够更直观地认识提出的理论成果,更容易理解其在企业管理实践中的具体应用。

第一节 案例研究方法概述

一、案例研究的概念与意义

案例研究(case study research)与实证研究并列为创业研究领域主要的研究方法。陆园园,张红娟(2009)在对三种国际创业领域的顶级期刊JBV、ETP、JSBM的48篇文章进行统计分析,发现应用最多的是实证研究,其次是案例研究,还有少量的概念性研究。20世纪80年代以来,许多现代管理理论的发现与创新来源于大量的企业管理实践,并通过案例研究总结出来。自2001年3月19日成思危先生在香港浸会大学做了题为《认真开展案例研究,促进管理科学及管理教育发展》的报告以来,案例研究在我国管理学的应用开始受到越来越多的重视。陆园园,张红娟(2009)认为对创业问题的研究应当通过深入的案例跟踪研究，深刻了解新创中小企业的成长过程，理解其中的规律和机理，在此基础上再进行大样本研究。

欧阳桃花（2004）认为案例研究法就是通过典型案例，详细描述现实现象是什么、分析其为什么会发生，并从中发现或探求一般规律和特殊性，指导得出研究结论或新的研究命题的一种方法。当研究对象是处于当代现实环境中的某一现象，并要求研究者对研究对象不予控制或不能控制时，案例研究法是一种非常合适的研究方法。冯雪飞，董大海（2012）认为案例研究的价值和意义主要体现在四个方面：一是案例研究强调情境因素，会帮助研究者去发现那些最有特点或异质性最强的现象去进行探索，从而创建出具有本土特色的、实践性强的新理论。我国大部分新创企业都是默默无闻的中小微企业，它们虽然名气不大，但其成长都具有一定的典型性，且适合我国的国情，容易理解，看起来很亲切，有益于本土研究的理论创建，对于我们研究创业和对新创企业的创业实践都非常有帮助。二是案例研究能够彰显过程。在运用案例研究法进行理论研究的时候，会对某一事件的来龙去脉进行深入调查分析，寻找到该事件发生的根本性原因。这就要求研究者对事件过程的把握和理解有较深的顿悟，培养它们的整体观念，使其呈现出来的研究成果更具有全面性。三是案例研究可以解释关系。研究者会更容易发现研究对象之间的关系变化，通过案例分析，会对这种"关系"的研究有更深入的阐述及理解，从而更加准确地"解释关系"。四是案例研究将会叙述一个动人的故事。无论是用案例研究法去创造新的理论，还是去阐明一种新的关系，都需要将案例的产生背景、原因、过程以及结果叙述清楚，给读者一个有关案例的"整体画面"。黄江明等（2011）也认为案例研究主要通过讲述好的故事来验证或者构建好的理论，一项研究如果能够能像讲故事样阐述其理论，将给人留下深刻的印象。

乔坤，马晓蕾（2008）认为案例研究法与实证研究法的关系体现在两个层面。一方面，案例研究法善于发现问题，尤其是被传统的实证研究法所忽视的特殊现象。它弥补了实证研究法由于将问题抽象在有限个因子与变量之间，导致特殊现象丢失的缺陷。另一方面如果仅使用案例研究法进行研究，本身的严格性难以控制，得出的结论可能会被质疑。Yin（1994）认为案例研究的归纳不是统计性的，而是分析性的，这必定使归纳带有一定的随意性和主观性。因此，案例研究需要实证研究法的论证才能得出科学可信、具有普遍意义的结果。案例研究法善于发现新问题,实证研究法善于解决案例研究法所发现的新问题。将案例研究法与实证研究法结合使用,能发挥各自的优势,弥补各自的不足。案例研究还通过特定的案例对既有的实证研究具有说明和复证的作用,对变量背后的因果关系进行解释说明。案例研究拉近了理论成果与现实生活的距离,使读者直观地认识抽象的理论成果,对其产生信服,还起到了检验理论的作用。然而案例研究费时费力,通常不会出现大量的案例,而是应用小样本研究,所以存在一定的局限性,这些局限性影响案例研究法的效度与信度。

二、案例研究的分类

根据研究任务的不同进行分类,可以将案例研究方法区分为探索型、描述型、解释型和评价型4种类型。有学者(Bassey,1999)形象地描述了这4种不同类型的案例研究,其中,探索型案例研究侧重于提出假设,它们的任务是寻找(新)理论(Theory – Seeking);描述型案例研究侧重于描述事例,它们的任务是讲故事(Story – Telling)或画图画(Picture – Drawing);解释型案例研究侧重于理论检验(Theory – Testing);而评价型案例研究侧重于就特定事例作出判断。

根据研究中运用案例数量的不同,案例研究可以分为单案例(Single Case)研究和多案例(Multiple Cases)研究(Eisenhardt,1989;Meredith 1998)。单一案例研究主要用于证实或证伪已有理论假设的某一个方面的问题,它也可以用作分析一个极端的、独特的和罕见的管理情境。单案例研究是多案例研究的基础(李飞等,2010),能够保证案例研究的深度和可信度,并能更好地了解案例的背景(Dverand Wilkins,1991)。多案例研究的特点在于其包括了两个分析阶段,既案例内分析(with – in case analysis)和跨案例(cross – case analysis)分析。前者是把每一个案例看成独立的整体进行深入全面的分析,后者是在前者的基础上对所有的案例进行统一的归纳和总结,并得出抽象的、精辟的研究结论。相比单案例研究,多案例研究能通过分析各个案例之间的异同,并在各个案例之间进行逻辑重复来验证从其他案例得出的结论,进而获得更多更深入的理解(Meredith,1998),更全面地反映案例的不同方面,形成更完整的理论(陈国权和李赞斌,2002)。

三、案例研究的步骤

关于案例研究的步骤，Yin（2003）认为包括五步，即研究设计、为收集数据而准备、收集数据、分析数据和撰写研究报告。其中案例研究设计又包括：确定要研究的问题、提出理论假设、确定分析单位、形成连接数据与假设的逻辑、解释研究结果的标准。类似地，国内学者欧阳桃花（2004）把案例研究的步骤总结为五个步骤：第一步，依据企业案例提出问题与研究目的；第二步，对研究问题进行相关文献综述、推导，提出论文分析框架、理论命题；第三步，收集数据，撰写规范性的研究案例；第四步，分析研究案例并从中验证第二步骤的理论命题，或者发现企业实践中产生的新事实、新思想；第五步，提出研究结论并明确今后课题。

案例研究的成果可能包括：①验证了某一领域现有知识、理论或模型的正确性。通过在新的情况下检验这些理论和模型，进一步提高其正确性和通用性（generalizability）。②细化（refine）或者丰富（enrich）了某一领域的现有知识、理论或模型，使其更准确、更完整地反映某种情况。③驳斥了某一领域现有知识、理论或模型的正确性。通过案例研究证明现有理论无法解释某种情况，甚至存在背离。④构建新的理论框架。

第二节 "莱得快休闲美食文化公司"的案例分析

一、企业概况及数据来源

1. 企业概况

重庆"莱得快"美食文化有限公司是一家休闲美食连锁企业，成立于2006年初，主要经营时尚风味休闲小吃。六年来，公司在创始人李先生的带领下顽强拼搏、积极进取，依托完善的管理体制和配套服务，结合灵活的门店经营，以不断创新的产品研发及积极的市场开拓赢得了竞争优势，体现出勃勃生机，已崛起为重庆本地同行业颇具知名度的领军企业。公司持续发展壮大，由创业之初的1个门店、10个员工，迅速增长到2011年底的30个门店、一个生产加工厂、一个研发中心、300个员工、6000万的销售额。产品品种由单一的串烧食品扩展为四大类50多种各色小吃。

我们选择"莱得快"作为研究对象,首先是因为"莱得快"是新创中小企业,符合本书的研究范围。目前基于本土企业的案例研究大多集中在一些大型成熟企业,研究内容也多为成熟期的管理问题,很难对处于创业期的新创中小企业提供良好的借鉴作用。其次,"莱得快"作为传统行业中的新创中小企业其本身的产品及经营模式是普通的,其市场业绩是突出的,其成长过程是持续健康的,具有一定的典型性。典型性是个案所必须具有的属性,即个案是否体现了某一类别的现象的共性(Pettigrew,1990)。第三,我们与"莱得快"的创始人李先生是MBA同班同学,非常熟悉,我们从"莱得快"创业伊始就非常关注其成长。"莱得快"的连锁店就在我们身边,方便我们随时去观察、访谈。这些都能确保研究获取丰富、详细和深入的第一手及第二手资料,对于深入的案例研究相当重要。

2. 数据来源

我们选择了一手资料和二手资料相结合的数据来源。一手资料包括:(1)对"莱得快"创始人李先生进行不定期访谈,详细了解其创业过程中的点点滴滴。(2)到"莱得快"各门店进行现场调查,观察各门店的经营状况,品尝其产品,体验其服务。根据事先拟定的问题提纲,与督导、店长和店员进行座谈,对消费者进行现场访谈,对所有谈话进行记录。(3)对"莱得快"的竞争对手进行现场调查、了解竞争对手的经营状况,并进行访谈。二手资料包括:(1)"莱得快"创办以来,在各种媒体上发表过的有关"莱得快"的文章或报导。(2)从"莱得快"网站和公司内部获得的材料(包括文字文档和影音文件)。(3)网络中有关"莱得快"的消费者评论。

3. 数据分析

主要采用了数据编码和归类的方法对资料进行分析和整理,其目的在于从大量的定性资料中提炼主题,进而论证理论研究部分所提出的问题。首先,按照数据来源对资料进行了编码,对于一手资料,把李先生编码为M1,督导及店长编码为M2,一般员工统一编码为MO;对于二手资料,由于来源比较复杂,统一编码为SH。把研究分为环境、知识、能力、战略、企业成长等五个层面。为了确保数据和研究的真实性,防止理解的偏差,我们把研究数据及初步的结论,反馈至"莱得快",得到了李先生及各门店店长的确认。

二、创业发展历程

新创中小企业的发展具有阶段性,不同阶段面临不同的问题或困境(陈兴淋,2011)。根据导致研究构念发生剧变的关键事件和转折点,笔者将"莱得快"的发展分成4个阶段。其中,鉴别出来的关键事件如下:2006年"莱得快"开始了休闲小吃的创业;2008年"莱得快"六大措施变革创新;2010年品牌打造。笔者将2006 - 2007年视为"起步阶段";2008 - 2009年为"成长阶段";2010 - 2011年为"持续成长阶段";2012 - 2013年为"持续成长阶段"。

1. 第一阶段:发现市场机会,成功进入市场

创业与其他领域最大的差异在于新创事业的萌现过程,即创业者如何在复杂且动态变化的环境中发现机会,并着手进行新事业创立的过程(陆园园,张红娟,2009)。"莱得快"创业机会的发现不是偶然的,是创业者自身知识与警觉性相结合的结果。

"莱得快"的创业者李总是浙江人,70后,在重庆读的大学及MBA,本科学的是电子专业,具有一定的电子行业知识和经验。和大多数浙江人一样,李总有较强的创业精神和一定的实践经验,读书期间靠经营网吧赚的第一桶金约30万元。2004年MBA毕业后,李总卖掉网吧,开始寻找新的创业机会。本着不熟不做的原则,在开始的1年多时间里,李总尝试了2个自己熟悉的电子产品经营项目,但都不尽人意。遭遇失败的阵痛,李总没有灰心,不断地寻找新的项目,把目光转向了传统的餐饮行业。重庆餐饮市场非常成熟,传统的中餐、火锅竞争都十分激烈,对于资金少,又没有餐饮经营经验的李总来说选择餐饮是一个巨大的挑战。李总发现重庆人非常喜欢吃串烧小吃,如:烤鱿鱼、烤肉肠、烤肉串等。串烧小吃虽然很不起眼,但进入门槛低,投资少,见效快,风险小,产品制作简单,技术含量不高,而且竞争对手实力都很弱,都是个体经营。李总认为以自己现有的资金和实力,开个串烧小吃店还是一个不错的机会。这样,虽然没有休闲小吃店的经营经验,但善于学习与思考,以及对市场的警觉性让李总看到了这个市场机会,选择了休闲小吃店开始了自己的又一次创业。

发现市场机会,确定创业项目以后,李总马上投入到忙碌的行动中。亲自张罗注册、选址、装修、招聘等诸多事情。虽然只是开个小吃店,李总

仍然细致地考虑方方面面的问题,确保开业大吉。主要考虑市场进入策略,即解决何时进入、从哪里进入、如何进入等问题。李总认为这种小吃店最关键的就是位置要好,门店一定要选在最繁华的商圈。重庆各大中心商圈寸土寸金,要找到一个合适的门面非常难。沙坪坝区是重庆的文化区,小小的三峡广场周围云集了四所大学、三所中学、三所小学,近10万学生,串烧小吃是学生的最爱,市场潜力巨大。李总花了5万元转让费拿下沙坪坝区三峡广场的一个15平方米的门面。关于开业的时机,李总也做了周密的考虑。考虑到串烧产品一般在天气冷的时候特别好卖,于是决定在冬天开业。

考虑好进入市场的时间和地点,还要考虑做出特色。"莱得快"的定位是时尚休闲小吃,档次比一般小吃店要高一些。李总请装饰公司精心设计装修门店,采用高质量的设备设施,使得门店看上去漂亮时尚、干净卫生,整个店面装修花了5万元。李总共招聘了5名员工,都是20几岁的年轻人,对他们进行相关产品知识的培训、操作技能培训、服务销售培训。员工统一着装,服务热情、快捷、周到。李总亲自选定进货渠道,确保原材料的质量和新鲜。"莱得快"的产品除了串烧小吃还有重庆特色的凉粉、酸辣粉。经过周密策划安排,"莱得快"在店面位置、店面形象、员工服务、产品质量等方面均达到了预先的设想,全面优于其他的小吃店。虽然价格略高一点,但消费者还是能够接受。所以开业大吉,一炮打响。红火的生意让李总心里踏实了很多,证明了"莱得快"的市场进入策略是正确的。小店前三个月每月纯利在1.5万左右,给了李总足够的信心和经验,他认为这一经营模式是可行的,是可以复制的。

李总并没有被初步胜利冲昏头脑,他认为这种小吃店并不具备核心能力,很容易被竞争对手模仿,只有好的门店位置是稀缺资源,是不可替代的。因此,2006-2007年,"莱得快"大力进行市场开拓,把每月店面回流的资金和融到的资金全部投入到新店的开设当中,迅速在重庆主城五大商圈开设了10家分店,抢得了先机。到2007年,"莱得快"发展为10个店,80多个员工,年销售额1500万元左右,成长态势良好。"莱得快"能够开业大吉,李总个人的知识与能力发挥了重要作用。他敏锐地发现了休闲小吃这一创业机会,并且整合配置有限的资源,制定了正确的市场进入战略,把握好了进入市场的时机、地段和策略,成功创业。

2. 第二阶段：大力变革创新，在市场竞争中成长

"莱得快"的成功引来众多竞争对手的模仿竞争。越来越多的饮品店、甜品店、休闲小吃店也在繁华地带与"莱得快"形成了激烈的门店竞争。

面对市场竞争，李先生认为除了抢先一步占领市场以外还必须进行产品和管理创新，创新是"莱得快"进一步发展的基础。李总非常重视学习，也很善于学习。不仅自己学习，还努力打造学习型组织，推进员工一起学习和创新。"莱得快"建立起了正常的学习机制，学习新产品，新技能。虽然"莱得快"大部分员工的知识水平及学历都不高，但公司良好的培训机制及学习氛围使这些年轻人能够得到快速的提升。经过认真思考、学习，李先生大力变革，从产品研发、管理机制、激励机制、发展模式、销售渠道等方面采取了五条有力措施，以解决"莱得快"发展中遇到的产品、管理、融资、渠道等难题。首先，成立自己的研发中心，加大新产品的开发设计力度。研发中心学习、专研各地特色名小吃及饮品，在原来麻辣口味的串烧产品的基础上，引进吸收了港、台、沪等地的特色名小吃及饮品，并吸取了西式餐饮的部分精华元素，把产品从四个大类20多个品种一下提高到十个大类50多个品种。主要产品覆盖了川渝小吃类麻辣串烧系列、凉粉、酸辣粉系列等；香港的鱼蛋丸系列；上海、台湾的烧仙草、奶茶、奶昔、果茶、咖啡、酸梅汤、刨冰等热饮、冷饮系列。因此不论季节交替，"莱得快"总能提供给顾客满意的不同口味的产品。其次，建设管理信息系统，优化管理流程。"莱得快"加大了信息管理的力度，专门花费50万元建设了管理信息系统，把收银管理、实时监控、存货、进货、调货计划等统一到一个集成控制系统，实现了各个门店电子财务、电子供应链、实时监控一体化管理，使管理流程大大优化。第三，建立灵活有效的激励机制，激发员工的积极性、创造性。"莱得快"建立了灵活的店长入股机制，激励有能力的店长投资入股。一个店长通过分红，每月底薪+奖金+分红可拿到8000-10000元。一个员工通过底薪+奖金则可拿到2000-3000元，这超过重庆本地中餐、火锅、快餐等企业的员工一般1000-2000每月的收入水平。学习、激励机制使员工有了很强的归属感、积极性和创造性，始终保持饱满的工作精神，团队的凝聚力和战斗力很强。第四，开展连锁加盟，吸收外来资金加盟。"莱得快"制定了规范的连锁加盟运行机制，发布了自己的连锁加盟运行手册，鼓励有兴趣并且符合条件的投资者加盟"莱得快"。这样吸引了外来资金，加速

了市场开发的力度。第五，与大型超市发展战略联盟，拓宽销售渠道。繁华地段门面难寻，价格高昂，"莱得快"另辟蹊径，与家乐福、人人乐、新世纪等大型超市建立了战略合作伙伴关系，把"莱得快"开进了这些大型超市，解决了门店难寻的难题，畅通了销售渠道。

"莱得快"的能力随着这五大举措而得到了很大提升。首先，产品研发能力大幅度提升。成立了自己的研发中心，使得"莱得快"的产品不单是引进、模仿，而且还能根据重庆人的口味自行改良、设计。其次员工操作技能提升很快。不断地学习培训和锻炼，使得"莱得快"员工个人操作技能提升很快。例如"莱得快"员工调酸辣粉一只手可以同时调三碗，而另一个品牌门店的员工一般是一只手同时调二碗酸辣粉。一些店面炸鱿鱼串和肉串还是用传统的在铁板上倒点油把几串肉串放在铁板上反复煎压，一般每2分钟炸出5串左右；而"莱得快"是把一大串鱿鱼串、肉串等放进一个大的不锈钢油桶里面炸，一般每2分钟炸出15串左右；而且员工在炸的时候又可以去做其他事情，不用守在那里反复煎压，效率提高很多。"莱得快"的灶、锅、油烟机都很给力，所以产品产出较其他店快不少。第三，服务技能大幅度提高。由于采取了灵活有效的激励机制和监管机制，员工都真正把"莱得快"当做自己的企业自己的事业，都始终保持高效、激情的工作，服务更加周到快捷。2009年起，由于生意好，"莱得快"每个店的人数增加为7个人，以便更好更快地为顾客服务。第四，管理能力大幅度提高。由于引进了信息管理系统，整个生产销售流程中采购、存储、加工半成品，销售成品、收银等各个环节都高效运转，充分保证了各个门店的正常运营。李先生也能从具体的业务当中抽身思考一些有关公司发展的大的问题了。第五，连锁加盟的开展和战略联盟的建立，扩宽了融资渠道和销售渠道，使得"莱得快"的融资能力和销售能力进一步加强，为进一步市场开拓打下了良好的基础。

产品的大力创新使"莱得快"拥有十个大类50多种产品，远远把竞争对手甩在了身后，产品差异和技术差异进一步扩大。服务和管理上的创新使"莱得快"的服务和管理水平进一步提升，与竞争对手的差距也进一步扩大。在差异化竞争的同时，"莱得快"的成本控制也有了一定成效。由于店面增加，销售量增大，规模经济逐渐凸显出来。"莱得快"对原材料供应商有了更大的讨价还价能力，单位产品的成本制作降低。再加上信息化管理水平的提高，使得单位产品的管理成本也降低了，这样"莱得快"逐渐开始实现了差异化战略和低成本战略的有效结合。这一阶段随着李先生六大举措的制定和实施，以及全体员工的共同努力，"莱得快"竞争优势更加凸显，把竞争对手远远甩在了身后。

经过2年的发展，"莱得快"的产品和运营模式接受了市场的检验，得到了认可。"莱得快"继续保持市场开发力度，把所得利润加上融资贷款全部投入新店开设。到2009年底，"莱得快"已拥有22家门店，一个生产加工中心，200多名员工，年产值3600多万元。经营规模的扩大要求经营与管理过程中各种知识能力的复制与提升，即要求更多的人具有某种能力或技能。创业者在亲历亲为的同时需要对别人工作进行指导，做好工作中的传、帮、带。所以，虽然经营的是传统的技术含量不高的小吃，但李先生依然非常强调学习，他常说学习是"莱得快"快速发展的动力，学习能够尽早发现问题，灵活快速采取行动，使得竞争对手无法超越。"莱得快"在这一阶段不仅规模扩大，而且产品的技术含量和门店管理水平提升也很快，实现了量与质的协调发展。

3. 第三阶段：打造品牌，持续成长

经过四年的发展，"莱得快"从无到有，步入快速发展轨道，在重庆五大商圈都有4-5家店，成为重庆休闲小吃行业的领头羊。看起来一切都很顺利，市场环境依然是稳定的，变化不大，生产管理也按部就班的走上正轨，竞争对手依然没有什么起色，构不成强劲的竞争，市场、资金、技术、产品、管理似乎都不是问题。但李先生总感觉目前"莱得快"还是存在一定的问题。原来，尽管"莱得快"快速发展，但李先生感觉"莱得快"还是一个小吃店，不像一个企业。

认识到了目前企业发展过程中的问题，李先生逐渐从具体日常事务中抽出更多时间来思考公司未来的发展。李先生意识到目前需要对"莱得快"进行企业文化建设、企业形象包装和企业品牌打造，使"莱得快"更像一个企业而不仅是一个小吃店。为此，李先生专门认真学习品牌管理方面的知识，到上海、杭州、广州、深圳、台湾等发达地区考察快餐店的运营情况，专门请了上海的公司对企业形象进行包装、设计、策划，要使"莱得快"具有更高的品牌知名度。

围绕提升企业形象，打造品牌这一战略目标，"莱得快"运用企业形象策划、品牌打造等相关知识,全面提升市场营销策划能力、企业形象包装、品牌打造能力。

"莱得快"重点围绕企业文化建设、企业形象包装和企业品牌打造贯彻差异化的竞争战略。首先大力建设企业文化,塑造企业活力。李先生亲自领衔管理团队针对"莱得快"的特点精心打造"莱得快"的企业文化。提出"莱得快"的经营使命:传承并发扬中华大众休闲小食文化;经营目标:致力于成为快速时尚休闲餐饮行业的领先者;经营理念:美味就要"莱得快";管理理念:人才至上,效益领先;服务准则:成为顾客的朋友;职业操守:诚实守信,互相尊重。提出以上企业文化后,李先生花大力气对公司员工进行了专门的企业文化培训,力争在经营中贯彻落实。其次,创新开店模式,树立企业形象。为配合企业形象包装、品牌打造的部署,"莱得快"在具体开店模式上又进行了大胆创新。"莱得快"不再开10-20平米的小店,改开100平方米左右,有快餐式桌椅,可以容纳顾客堂吃的大型旗舰店。小店容量有限,没法让顾客坐着堂吃,只能在店外站着吃,不仅影响顾客个人形象,而且吃完后一次性的竹签、纸盒、纸杯、塑料袋会污染街道,对城市形象也是一种破坏。旗舰店可以容纳顾客堂吃,使顾客更加休闲、舒适的享受美食,既解决了环境污染问题,也树立了良好的企业形象。旗舰店装修设计得更加时尚漂亮,光灯箱图片就3000元一张,使休闲小吃看上去更加诱人。设备设施全是大酒店用的豪华不锈钢设备,操作台设计非常漂亮、合理,7个服务员在里面也能转得开。十几套快餐式桌椅干净漂亮,能同时容纳20-40人就餐。所有一次性纸杯、纸碗、餐巾纸、包装袋都统一打上"莱得快"的标志。员工服装也根据季节变换,有三套服装,设计得更加漂亮、时尚。整个店面有服务员专门打扫卫生,时刻保持清洁。开这样一个旗舰店大概需要100万左右,虽然投入较大,但收益回报也大。店面形象得到了较大改善,顾客消费更多。我们对"莱得快"的小店和旗舰店的消费情况进行了对比,小店由于站着吃,很拥挤,每位顾客大概人均消费5-10元左右;旗舰店有较大的空间充足的时间留给顾客坐下来慢慢品尝更多的小吃,人均消费提高到10-20元。旗舰店吸引了更多的顾客,我们一周每天分上午、下午、晚上三个时段对南坪万达广场的旗舰店进行观察记录,发现除了周一至周五上午店内位置没坐满,不拥挤,下午和晚上时段均坐满,周六周日则全天坐满。为配合实体店的改版,"莱得快"网站也重新改版设计,更加时尚漂亮,功能更多。第三,放弃加盟,只做直营。为更好地配合企业形象包装、品牌打造的策略,"莱得快"从2010年起放弃加盟,只做直营。因为直营店更好管理,盈利能力更强,更有品质保障,更容易树立企业良好形象。随着品牌战略的深入实施,"莱得快"的竞争优势也越发明显,与竞争对手明显不在一个层次了。休闲美食文化企业的形象得到了确认,消费者的认知度越来越高。六年时间里"莱得快"从一个小吃店发展成为拥有一个加工厂,一个研发中心,30家门店,300多员工,年产值6000万元的一个重庆知名的休闲美食文化企业。

4. 第四阶段:战略转型,持续成长

"莱得快"的休闲小吃店发展壮大,但善于思考、勇于进取的李先生并不满足。他发现虽然目前"莱得快"运营良好,但终究只是一个小吃店,主要是一日三餐之外的补充,一个消费者每次消费也就10-20元钱,销售额很难进一步提升了。李先生想如果能开发正餐业务,吸引消费者中餐和晚餐来消费,那销售额将大幅度提高。目前市场上的正餐业务主要有中餐、火锅以及肯德基、麦当劳的洋快餐。重庆是个餐饮业非常发达的城市,中餐、火锅竞争非常激烈,快餐更是被肯德基、麦当劳所把持。虽然"莱得快"经过5年的发展已经初具规模,但和重庆餐饮市场经营了十几年的陶然居、莱香园、顺风123、小天鹅、德庄、刘一手等巨头来讲差距还很大,与它们相比没有任何竞争优势,很难在竞争激烈的餐饮市场开辟出自己的一片天地。李先生苦苦思索,到全国各地去考察取经。他认为如果按照常规的发展模式在中餐和火锅市场与这些餐饮巨头们竞争没有任何竞争优势。李先生经过仔细的市场细分,介于中餐、火锅、快餐之间有一个空白的细分市场,既中式火锅快餐。据此,李先生开发出了这种自助中式火锅快餐。这种火锅快餐就像北方的冒菜,由客户自助挑选自己喜欢吃的各种荤菜和素菜,由服务员统一称秤算钱,然后把这些菜混在一起用火锅调料煮成一锅端上来。这样既方便快捷,又有火锅的鲜辣味道,特别适合1-4人用餐。李先生把战略重心转移到了这种火锅快餐模式,选择200-300平方米的繁华地段门面,桌子选用适合4个人坐的快餐桌,主要面向一些零散的上班族和休闲游客。他把这种火锅快餐门店命名为"每味每客"。这种新型的火锅快餐以其经济、美味、快捷的特点一经上市即大受消费者欢迎。大量上班族和休闲游客在中午、晚上光顾"每味每客",人均消费多为30-50,

是"莱得快"人均消费的3-5倍,单店的营业额也是"莱得快"旗舰店的3-5倍。在营销策略上,"莱得快"加入了目前流行的团购大军,在各大团购网站上以9.9元购买原价20元的代金券。这一紧跟潮流的促销举措既扩大了销售又扩大了"每味每客"的知名度。至2013年底,李先生新开10家"每味每客",这一新的模式和战略转型大获成功,企业又一次获得可持续成长。

三、案例分析

1. "莱得快"获取竞争优势的影响因素

分析"莱得快"创业成长的过程,我们可以看出知识、能力、战略等几个因素是影响新创企业获取竞争优势的重要因素,这与我们前面的实证研究所得出的结论是一致的。

知识。创业者的知识是一种宝贵的初始资源禀赋,主要包括:①行业知识,即曾经在同一行业工作过而拥有的知识。②创业知识,即曾经创建并管理新创企业而拥有的知识。③管理知识,即曾经从事领导及管理岗位而拥有的知识。李总虽然没有休闲小吃行业的经历,但他有创业的经历,读过MBA,所以其所拥有的创业知识及管理知识,使他具有敏锐的环境洞察能力,善于思考,捕捉到了休闲小吃这一市场机会。在创业的过程中,"莱得快"不断从企业内外获取新知识,利用知识,并不断进行知识创新,以推动企业在产品研发、管理运行机制等方面的不断创新,使企业保持持续的竞争优势。

能力。能力观认为企业能力是竞争优势的源泉和基础。企业基础能力一般包括营销能力、技术能力、生产能力、财务能力等。"莱得快"通过知识管理不断推动能力的演化与提升。通过培训、学习努力提升企业的运营管理能力和员工的服务水平和技能,解决了产品研发、管理机制、激励机制、发展模式、销售渠道等五个方面的问题,使得企业在竞争中获得了竞争优势。在"莱得快"能力培养和提升的过程中,企业家能力起到了主导作用。李先生自己拥有超强的能力,善于学习、勇于承担,超前行动,不断创新,并且带动全体员工不断学习,努力在工作中提升自己的生产能力、营销能力和技术能力,推动企业的快速发展。

战略。从"莱得快"的案例可以看出,在激烈的市场竞争中,制定和实施正确的战略是必须的,尤其是传统行业,进入门槛低,竞争尤为激烈。这里战略分为市场进入战略与市场竞争战略。在新创企业的初创期,创业者面临的首要问题如何将产品与服务推向市场,被顾客所接纳从而换回投入以维持生存和成长。具体就是要决定采用什么产品、进入哪个市场、何时进入以及如何进入等战略问题。因此市场进入战略的选择是新创企业初始战略中最主要且最先面临选择的一个。"莱得快"之所以能够一炮打响,开业大吉,其精心制定的市场进入策略起到了关键作用,在正确的时间以正确的方式进入了正确的市场。进入市场以后,接下来面临市场竞争的问题,即如何在所进入的市场与现有企业竞争,这就需要制定相应的市场竞争战略。一般新创企业常用的市场竞争战略有低成本战略和差异化战略,但不能生搬硬套,需要根据市场竞争情况灵活运用,保持竞争战略的动态性。"莱得快"主要采取的差异化竞争战略,这是符合其市场定位的。休闲小吃价格都非常低,消费者能够承受,低价对年轻大方的消费者影响不大。所以"莱得快"走高档、时尚路线,不在价格上与对手竞争,而充分体现其在产品、服务上的差异性,来迎合年轻时尚的目标客户。

2."莱得快"获取竞争优势的路径

"莱得快"的案例形象地说明了新创企业知识、能力、战略、竞争优势的作用机理以及竞争优势的形成路径。其正是沿着知识管理→能力演进→战略竞争→竞争优势的路径获取竞争优势的,见图6-1。"莱得快"通过吸收、整合相关管理知识、市场知识、产品知识,成功识别并开发了休闲小吃这一创业机会。并在创业过程中吸收、借鉴、利用外部产品知识、管理知识,不断通过知识创新来推进产品创新、管理机制创新。通过知识管理和创业学习,企业家能力带动组织的市场营销能力、生产运作能力、技术能力、管理能力、学习能力都得到了提升。外部环境和内部知识与能力一起对企业战略行为产生影响,告诉创业者外部环境中什么信息是重要的,要采取什么策略才是外部环境所认可的,竞争对手会采取什么策略,自己的行动是否会受到消费者的欢迎等,促使企业做出正确决策,采取灵活有效的市场进入战略和市场竞争战略在市场竞争中获得竞争优势。

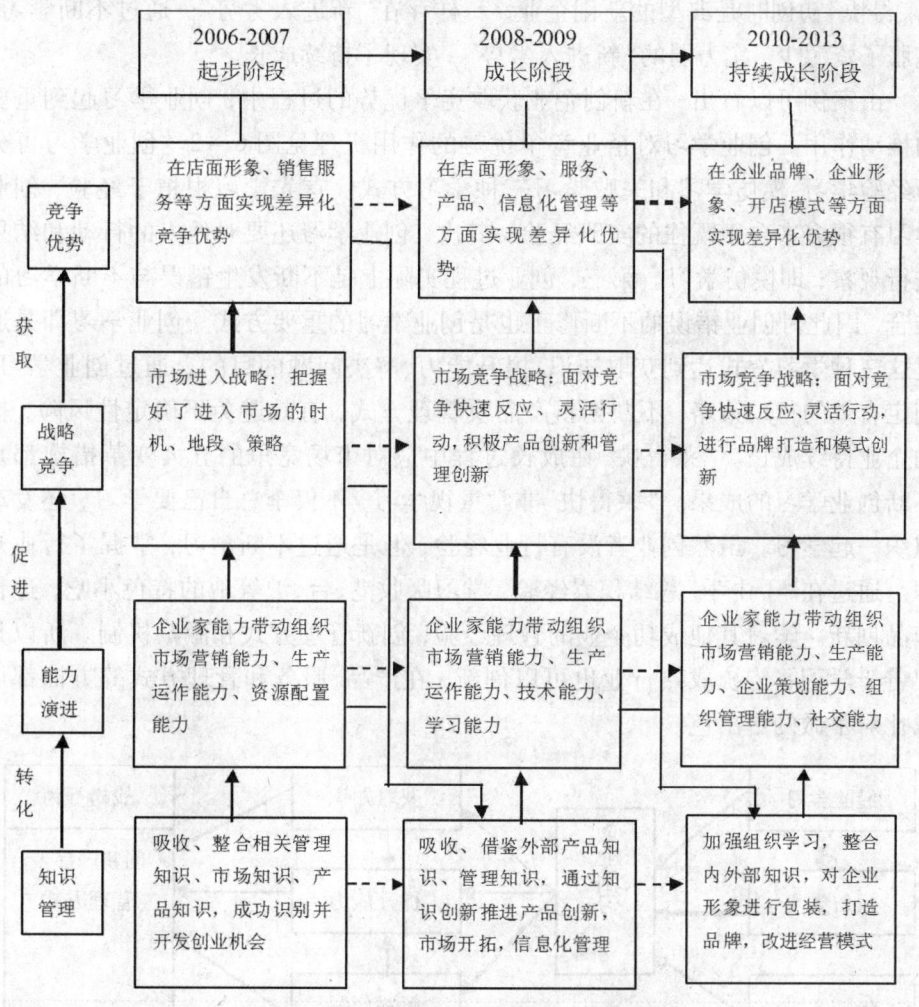

图 6-1　"莱得快"竞争优势的形成路径
Fig 6-1　The Competitive Advantage Formation Path of "LaiDeKuai"

3. 创业学习对知识、能力、战略和竞争优势的促进作用

创业学习可以被认为是与创业活动相关的学习，尤指新创企业在建立和成长阶段经验知识的创造与积累。创业学习既是新创企业培育核心能力的重要因素，也是获取竞争优势、提升成长绩效的基础。具体表现为能根据实践需要，针对自己的不足积极主动地学习；能及时总结、吸取自己及别人的经验教训；能够将所学知识应用于实践。创业者通过创业学习可以有效摆脱"新进入劣势"。

"莱得快"初创时是典型的新创企业，一样存在"新进入劣势"，通过不断学习，克服了资源少、实力弱的"新进入劣势"，实现了持续成长。

由案例可以看出，在新创企业获取竞争优势的过程中，创业学习起到重要的推动作用。创业学习对企业竞争优势的作用机理见图6-2。创业学习可分为经验学习、模仿学习和失败学习三种学习方式。首先学习根植于经验，创业学习有很多来自于既往的实践经验。其次，创业学习还要对他人的行动和结果进行观察，即模仿学习。第三，创业过程实际上是不断发生错误与不断学习的结合，因此对创业错误的不断修正也是创业学习的重要方式。创业学习即是通过这三种学习方式达到获取知识、提升能力、解决问题的目的。通过创业学习，制定有效的行动策略，不断创新产品及管理方式，有效避免不确定性风险，推动企业持续成长。"莱得快"在成长过程中应对市场竞争的五大变革措施都是不断创业学习的成果。"莱得快"非常重视学习，不仅李总自己要学习，还发动组织一起学习。虽然创业者没有行业经验，但是通过不断学习，掌握了行业知识。通过在"干中学"总结积累经验，学习吸收港、台、沪等地的特色小吃，进行产品创新。学习其他成功企业的管理经验，创新管理方式和激励机制。所以只要善于学习，传统成熟行业也可以创新，在产品、服务和管理方式等方面都可以比对手做的更出色。

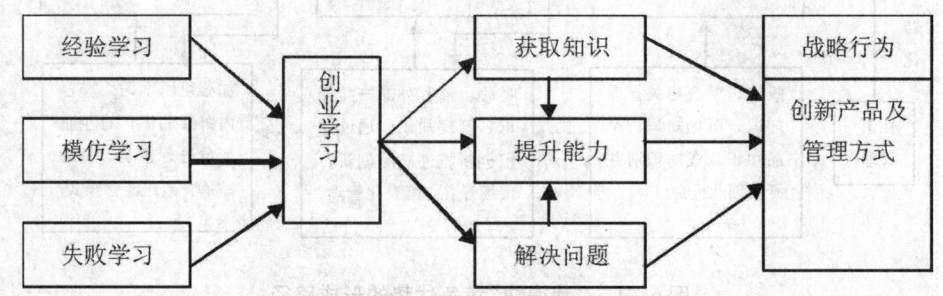

图6-2 创业学习的作用机理

Fig 6-2 Mechanism of Entrepreneurial Learning

本章小结

本章采用案例研究法直观地检验本书所提出的新创企业获取竞争优势的知识→能力→战略→竞争优势的逻辑框架的合理性，为本书的研究思路提供了实践内容上的重要支撑。本章以规范的案例研究方法，详细讲述了"莱得快"创业成长的过程。验证性地分析了"莱得快"休闲美食文化公司在发展的四个阶段通过知识的获取、利用及创新，演化提升自身的营销能力、研发能力、管理能力等，并制定了快速灵活的竞争战略应对市场竞争，不断获得竞争优势，实现持续成长。本案例研究对前述理论研究模型的逻辑合理性加以验证，证明了知识、能力、战略这三个要素都能对新创企业的竞争优势产生重要影响，并对新创企业知识→能力→战略→竞争优势的动态演化关系进行了更为生动形象地分析，从而可以更好地指导创业企业的实践活动。

第七章
结论与讨论

本章将对全书的研究结论进行回顾与总结，论述研究的主要贡献，分析本研究的局限性，并展望未来进一步的研究方向。

第一节 主要研究结论

随着我国经济的发展，国家大力宣传和鼓励创业，希望能以创业带动就业，促进国民经济的发展。大量的新创企业存在着规模小、资源有限，网络关系不足等新创立劣势，如何克服新创立劣势，在激烈的市场竞争中获得竞争优势，健康持续成长成为创业学术领域和实践领域最受关注的热点问题之一。本书在对创业理论、知识管理理论、资源能力理论、战略管理理论以及竞争优势理论回顾与分析的基础上，将以上理论纳入到一个框架体系中，针对新创企业特点来深入探究知识、能力、战略、竞争优势等要素的相互作用机理。综合运用文献和理论分析、问卷调查和统计分析、案例研究等定性与定量的方法，分析并解答了四个研究问题：①新创企业的知识、能力和战略是否影响其竞争优势？②新创企业的知识、能力和战略如何影响其竞争优势？③新创企业的知识、能力和战略之间是如何相互影响的？④新创企业应通过什么样的路径获取并保持竞争优势？

经过全书的分析论证，针对上述四个问题形成的主要观点和结论如下：

（1）新创企业的知识、能力和战略都是影响其竞争优势的重要因素，是竞争优势的重要来源。

第七章 结论与讨论

从实证检验结果以及案例研究来看,新创企业的知识、能力、战略都间接或直接对竞争优势产生了显著影响,总影响效果分别为 0.74、0.83、0.9。可见知识、能力、战略都是新创企业据以构建竞争优势的核心要素,共同推动竞争优势的形成。创新是新创企业创业过程的本质特征,知识和能力是创新过程的重要输入变量,对于天生就有新生劣势的新创企业便显得特别重要,能够帮助它们获得合法性并求得生存和成长。在全球竞争愈演愈烈的形势下,新创企业在取得创业成功以后要实现可持续发展的关键就在于不断提高自己创造知识资源的能力。朱秀梅(2009)提出新创企业应该在战略的驱动下,努力把自己打造成学习型组织,通过建立有效的学习机制来促进知识、能力的提升。

(2)在知识、能力、战略对竞争优势的影响关系中,知识、能力不对竞争优势产生直接影响,而是通过战略对竞争优势产生显著的间接影响,战略对竞争优势产生显著的直接影响。

虽然众多学者提出知识、能力是企业获取竞争优势的重要因素,但并没有通过实证明确其影响路径,即到底是直接影响还是间接影响。(e.g., Wiklund 和 Shepherd, 2003,; West, G P, and Noel, T W., 2009; Bornemann, 1999; Sullivan, 2002)认为知识和能力直接作用于企业竞争优势另一部分学者(e.g., Firer and Williams, 2003)则认为知识和能力与竞争优势的关系是模糊不清的,知识和能力对企业竞争优势可能不存在直接影响。本书通过重庆的新创企业的实证证实知识和能力对竞争优势的影响不是直接影响而是通过战略产生间接影响。这一结论告诉我们新创企业要积累知识、提升能力,但拥有了丰富的知识、超强的能力并不能说就自然形成了较强的竞争优势;需要行动,需要把知识、能力运用到正确的战略中去,通过正确的战略发挥出知识、能力的作用,从而在与竞争对手竞争中获得竞争优势。如果战略错误,企业拥有的知识、能力就很难发挥出其应有的作用,不能在竞争中获得竞争优势。这一结论与战略理论的思想是一致的,虽然资源对于新创企业绩效很重要,但重要的不是资源本身,而是创业如何发展技能和选择竞争性的战略利用可用的资源以及采取及时行动的决策和行动过程。

(3)在知识、能力、战略三者相互影响关系中,知识对能力产生显著的直接影响,能力对战略产生显著的直接影响;知识对战略不产生直接影响,而是通过能力对战略产生间接影响。

本结论印证了能力的知识本质。Kale & Singh(2007)认为,企业需要通过有效的知识管理活动来对企业系统进行修正,进而促使知识顺畅地经过组织学习流程来提升企业的运营惯例和技能,最终完成能力的构建活动。Heimeriks(2009)进一步指出,在能力构建活动中,企业需要发展出一种规则来调节企业内的管理活动,如此才能在其内部更有效地分享知识并实现知识固化来形成能力。一直以来,企业的能力理论都强调企业能力的本质是知识,但基本上都是从理论上推导,很少有学者从实证上证明。本书通过实证研究证明了这一结论。知识的获取、利用和创新演化成在技术、营销、生产等各方面的能力,并在企业竞争行为中起到作用。知识和能力是战略的动力和源泉,帮助战略正确地制定和实施,促使新创企业在动态、复杂的环境下保持足够的开放性、预见性和灵活性,快速反映,灵活行动。

(4)新创企业实现竞争优势的路径是知识→能力→战略→竞争优势;实现竞争优势的模式是知识管理→能力演进→战略竞争→竞争优势。

本书证明新创企业的知识、能力、战略都对竞争优势产生重要影响,而且是以知识→能力→战略→竞争优势这样一条路径产生影响。因此我们建议新创企业在实践中可以运用知识管理→能力演进→战略竞争→竞争优势这一模式争取竞争优势,见图7-1。应建立学习机制,加强知识管理,通过知识获取不断丰富自身专业及相关知识,在知识利用的过程中不断模仿、创新,使丰富的知识不断演变成较强的能力,并促使一般能力提升为不可模仿、不易替代的核心能力。知识的丰富和能力的提升是新创企业行动的基础和保证,新创企业可以充分发挥其市场洞察能力强、决策反映速度快、行动灵活的特点,制定和实施适宜的动态竞争战略,从而在市场竞争中获得差异化优势或者低成本优势。当在市场竞争中出现问题,竞争不利,那可能是在知识能力方面存在问题,出现缺口,于是退回去进一步通过知识管理、能力演进进行弥补、提升,重新争取竞争优势。知识与能力的缺口的影响因素有:①企业家的抱负水平和企业目标,抱负水平和企业目标越高,能力缺口就越大。②环境变化的幅度和速度,当环境变化的幅度很大(如技术上有重大突破、国家经济政策的重大调整等)、环境变化的速度很快时,能力缺口就大。③现有的能力和知识水平,能力和知识水平与环境和竞争者的差距越大,能力和知识的缺口就越大。

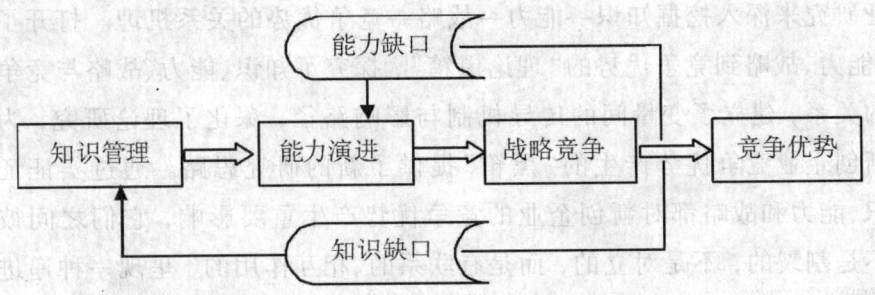

图 7-1　新创企业获取竞争优势的模式

Fig 7-1　The Model of New Ventures to Gain Competitive Advantage

第二节　本研究的主要贡献

一、对理论的贡献

（1）本研究印证了能力的知识本质，揭示了知识、能力、战略与竞争优势的作用关系，建立了变量间的传导机制与影响路径，由此打开了知识、能力、战略到竞争优势的"理论黑箱"，搭建了新创企业竞争优势的理论架构。

目前创业研究仍处于百家争鸣的状态，需要一套专有的理论架构，清楚界定研究议题，达成研究共识，使得从事创业领域研究的学者能在相同的平台上，交换研究心得，并完善创业研究的理论基础（陆园园，2010）。在激烈的市场竞争中哪些因素影响新创企业的竞争优势，存在新创立劣势的新创企业如何构建和保持竞争优势成为研究热点和难点。现有资源基础观、能力基础观、战略基础观分别从不同的视角对企业竞争优势做出解释，都认为资源、能力、战略等因素是影响企业竞争优势的因素，是企业竞争优势的来源。但它们是如何影响的，它们彼此之间的相互影响关系和演化路径是怎样的，仿佛是一个"理论黑箱"，很少学者通过实证研究去揭示和证明。同时这些理论是否适应新创企业都需要进一步深入研究。本书将资源基础理论、企业能力理论、企业战略理论有机的结合起来，通过理论开发与实证研究来深入挖掘知识→能力→战略→竞争优势的关系机理。打开了知识、能力、战略到竞争优势的"理论黑箱",探究了知识、能力、战略与竞争优势的关系,建立了变量间的传导机制与影响路径,深化了理论研究,为揭开新创企业竞争优势产生的"黑箱"提供了新的研究思路。通过实证证明知识、能力和战略都对新创企业的竞争优势产生重要影响,它们之间彼此并不是割裂的,不是对立的,而是有联系的、相互作用的,呈现一种递进式演进关系。

(2)发展了 Penrose 的企业成长理论,丰富了创业管理理论。

Penrose 的企业成长理论提出了有关企业成长的"资源→能力→成长"的分析范式,本书通过实证研究将新创企业的成长路径总结为"知识→能力→战略→竞争优势→企业成长",可以说是对 Penrose 的企业成长理论的发展。针对新创企业的特点,说明企业竞争优势应该是知识、能力与战略的组合及其整体表现,它们才是企业竞争优势的根本来源。因此很难用它们中的某一项来完整地解释竞争优势的来源和持续问题。从知识、能力、战略的视角探讨新创企业竞争优势问题,对于指导新创企业如何更加有效地构建自己的竞争优势,实现持续成长具有重要的理论意义。

二、对实践的贡献

如前所述,新创企业的发展和成长面临内外两方面的困境,一方面是自身通常规模较小,资源有限,能力欠缺,社会关系不足;另一方面是大量新创企业由于自身资金、技术的限制,无法进入资金要求大、技术要求高的行业,而大多选择资金需求低、技术要求不高的传统行业进入创业,行业竞争非常激烈。只有不赚钱的企业,没有不赚钱的行业,新创企业必须从知识、能力和战略几方面积极采取行动,超越竞争对手,才能在激烈的市场竞争中,获得竞争优势,降低创业失败率,实现持续成长。通过对本书基本结论的分析与总结,将本研究对于我国新创企业实践的指导意义归纳为以下四个方面。

(1)新创企业应认识到知识资源的重要战略意义,重视知识的获取、利

第七章 结论与讨论

用和创新等知识管理活动。

资源基础理论认为企业中有价值的、难以模仿的异质性资源是企业竞争优势的来源。知识资源不同于普通的物质资源,它是新创企业建立竞争优势的关键资源,其在企业价值创造过程中的贡献将日益突出(朱秀梅,张妍,陈雪莹,2011)。在不确定性日益提高的外部环境下,有效的知识管理是新创企业生存和成长面临的重要挑战(Yli - RenkoH, Autio E, SapienzaH, 2001)。因此通过知识获取、知识利用和知识创新等知识管理活动使新创企业能够高效地积累和利用知识资源,对于缺乏传统物质资源的新创企业显得尤为关键。企业掌握的知识资源越多,就越有助于企业有效识别创业机会,正确决策,降低经营风险。可见,对于新创企业来说,怎样通过知识资本构建坚实的资源基础,对于企业发展具有至关重要的作用。企业应注重员工隐性知识的积累与应用,鼓励员工在"干中学"以及多种形式的在职学习;应为员工创造条件与企业内外部同行进行交流合作,获得更多的知识、信息,形成企业的竞争优势。

(2)新创企业应高度重视基于知识的能力的培育和提升。

本书研究证明,能力在知识和竞争优势之间起到中介作用。根据演化论的观点,新创企业的生成和成长过程也是组织能力的发展过程。新创企业应重视在知识的基础上进行能力的演进,努力培育和提升自己的能力。在企业发展的初期,能力比有形资源更能促进企业成长(LICHTENSTEIN BM, BRUSH, 2001),企业必须不断提升能力并用好资源才能保持竞争优势。能力具有动态性,需要不断根据外部环境的变化来提升和演进。这种提升和演进又是在知识的获取、利用和创新的基础上形成的。作为刚刚创立的企业实体,新创企业的整体能力并不存在,它形成于成长过程中。因此,一旦新创企业成立并开始运营,就需要开始进行能力演进,随后企业才会作为一种组织体开始自我演化。能力的发展是一个渐进过程,通常伴随着企业的成长,集经验和学习于一体,并能够推动企业的竞争优势不断发展演进。通过整合资源形成的各种能力,如技术能力、生产能力、营销能力和运营能力等,并根据企业的战略需要来进行整合形成新的集合性能力，才能够维系企业的竞争优势。

（3）战略在企业竞争优势中扮演关键角色，战略的制定和实施应建立在知识和能力基础上，要重视战略的动态性和灵活性。

近年来在创业实践领域，创业战略和创业成功之间的关系得到越来越多的验证，在新的竞争格局下，制定和实施有效的创业战略成为新创企业取胜的关键。通过采取有效的创业战略，新创企业能够获得所需资源，缩短产品的生命周期，保持或形成竞争优势，从而实现自身的良好发展。本研究证明知识和能力并不能直接影响竞争优势，需要付诸于战略行动才能对竞争优势产生直接影响。战略在知识、能力与竞争优势的关系中起到了中介作用。企业要想保持竞争优势，就必须加强对市场和产业动态变化的了解和影响，就要靠知识的获取和能力的发挥。因此新创企业的战略制定和实施应建立在知识和能力基础之上。在实施战略的过程中，应注意通过获取、利用、创造知识和培育提升能力来改善运营效率和效果。新创企业要比竞争对手更关注环境，时刻保持对市场的警觉性和预见性，贴近市场，及时把握市场需求。新创企业普遍组织结构较为简单，决策速度快，采取行动也快。针对市场的变化快速反映，充分发挥新创企业小快灵的特点，不断地做出快速灵活的反映，比对手更早地预见市场，更有效地进行战略行动。所以，企业的战略必须是动态的，是不断地变化，否则企业就很难在不确定的市场竞争中确定其竞争优势地位。

（4）重视三要素和三个关键环节的结合。

我们通过对重庆的新创企业的实证证明知识→能力→战略→竞争优势是新创企业取得竞争优势的有效路径。知识、能力、战略为新创企业获取竞争优势的三个关键要素。从对"莱得快"的案例研究中，我们可以看出市场机会、市场进入和市场竞争是新创企业获取竞争优势的三个关键环节，因此在实践过程中把握好三个要素和三个关键环节将有助于新创企业获取持续竞争优势。知识和能力有助于洞察外部环境，发现市场机会，为制定和实施创业战略做准备。市场进入和市场竞争是创业成长的保证。面对激烈的市场竞争，新创企业首先要有正确的市场进入战略，确定市场进入的时机、地点及方式，确保市场进入能有一个良好的开端，以增强信心，避免快速倒闭。同时还要不断以灵活的市场竞争策略，在激烈的市场竞争中保持竞争优势，促使企业持续成长。在实际运作过程中要不断地通过创业学习，在干中学，不断总结成功和失败的经验，弥补知识和能力的不足，以补充创业战略的制定和实施。

第三节 研究局限和未来研究展望

本书在相关理论的基础上，深入探究了新创企业的知识、能力、战略与竞争优势的影响路径及作用机理。本研究对理论和实践作出了一些贡献，但仍存在一定的局限性。因此仍然需要不断提升自身的科研水平，在未来的学术研究中加以完善。

首先，本研究样本均是重庆市的新创企业，较为局限。由于我国不同地区的开放程度与经济发展水平的差异性，本书的研究结论能否扩展到全国范围还有待进一步的研究。因此在未来的研究中需要进一步增加样本覆盖面，以我国不同经济区域、多个城市的新创企业作为调查对象开展研究，以保证研究结果的普遍适用性。

其次，关于能力的维度本研究选择了技术能力、营销能力、企业家能力这三种新创企业普遍存在的重要的能力，但还不够全面，不一定适合每一类型的新创企业。一些学者认为企业的能力应是多样化的，即企业必须具有运营能力、营销能力、研发能力、学习能力，以及构建良好外部关系的网络化能力才能构建竞争优势(Winter, 2003)。Collins 和 Porras(2006)认为企业既有的能力决定企业的竞争态势，企业在市场竞争时必然会根据市场需求来调整能力构成，并对某种能力产生偏爱。

第三，本研究虽然以新创企业为样本进行了实证研究，但这一结果是否适用于成熟企业尚不得而知。成熟企业知识、能力、战略对竞争优势的影响与新创企业有何不同，还需要进一步对比研究。要深入研究成熟企业与新创企业在竞争优势来源、构建和维系等方面的异同点，以便扩大企业竞争优势研究的范畴，帮助新创企业有效解决新创立劣势，针对新创企业成长特点尽快构建自己的可持续竞争优势，在激烈的市场竞争中立于不败之地。

参考文献

蔡宁宁.2012.基于资源视角的新企业创业战略对企业绩效的作用关系研究[D].吉林大学博士学位论文.

曹红军,王以华.2008.西方企业能力理论研究:演进历程、前沿主题与当前困境[J].清华大学学报(哲学社会科学版),23(2):36-44.

曹红军,赵剑波.2008.动态能力如何影响企业绩效:基于中国企业的实证研究[J].南开管理评论,(11):54-65.

曾萍.2009.知识创新、动态能力与组织绩效的关系研究[J].科学学研究,27(8):1271-1280.

陈春花,刘祯.2010.案例研究的基本方法——对经典文献的综述[J].管理案例研究与评论,(4):176-180.

陈建勋,潘昌才,吴隆增.2009.知识创造能否提升组织绩效?——一项实证研究[J],1(30):107-115.

董保宝,葛宝山,王侃.2013.资源整合过程、动态能力与竞争优势:机理与路径[J],管理世界,(3):92-101.

董保宝,李全喜.2013.竞争优势研究脉络梳理与整合研究框架构建——基于资源与能力视角[J].外国经济与管理,35(3):1-10.

董俊武.2004.动态能力演化的知识模型与一个中国企业的案例分析[J].管理世界,(4):117-127.

窦红宾,王超,李海绒.2013.知识资本、资源获取对新创企业绩效的影响[J].企业经济,(1):46-50.

冯雪飞,董大海. 2011. 案例研究法与中国情境下管理案例研究[J]. 管理案例研究与评论,(6):236-241.

耿小庆. 2008. 组织知识创新与企业能力成长研究[D]. 天津大学博士论文.

谷奇峰,丁慧平. 2009. 企业能力理论研究综述[J]. 北京交通大学学报(社会科学版),8(1):17-22.

胡望斌,张玉利,牛芳. 2009. 我国新创企业创业导向、动态能力与企业成长关系实证研究,(4):107——118.

黄江明,李亮,王伟. 2011. 案例研究:从好的故事到好的理论——中国企业管理案例与理论构建研究论坛(2010)综述[J]. 管理世界,(2):118-126.

霍春辉. 2006. 动态复杂环境下企业可持续竞争优势研究[D]. 沈阳:辽宁大学博士学位论文.

江积海. 2007. 动态能力与企业成长[M]. 北京:经济管理出版社.

李飞,陈浩,曹鸿星,马宝龙. 2010. 中国百货商店如何进行服务创新[J]. 管理世界,(2).

李怡靖. 2007. 基于知识的企业核心能力与知识管理研究[D]. 昆明理工大学博士学位论文.

李奕. 2013. 战略管理流派矛盾的对立与统一研究——基于价值创新战略、竞争战略和资源与能力理论的对比分析[J]. 经济研究导刊,27:205-209.

李允尧. 2007. 企业成长能力研究[D]. 中南大学博士论文.

梁强,张书军,李新春. 2011. 基于创业机会的新创劣势和应对策略分析与启示[J]. 外国经济与管理,33(1):19-25.

梁哨辉. 2005. 知识管理对核心能力的创造过程和数理证明[J]. 数量经济技术经济研究,11:86-98.

林嵩,张帏,姜彦福. 2006. 创业战略的选择:维度、影响因素和研究框架[J]. 科学学研究,24(1):79-84.

刘谷金,高波. 2007. 知识管理、核心竞争力与竞争优势三者关系研究[J]. 图书情报工作,51(7):6-11.

刘建新,陈雪阳. 2008. 知识管理、动态能力与竞争优势[J]. 工业技术经济. 8(27):56-61.

刘井建. 2011. 创业学习、动态能力与新创企业成长支持模式研究[J]. 科学学与科学技术管理,32(2):127-132.

刘井建. 2011. 创业学习、动态能力与新创企业绩效的关系研究[J]. 科学学研究,29(5):728-734.

刘则渊. 2002. 现代科学技术与发展导论[M]. 大连理工大学.

刘智勇,姜彦福. 2009. 新创企业动态能力:微观基础、能力演进及研究框架[J]. 科学学研究,,27(7):1074-1079.

陆园园,张红娟. 2009. 中国创业问题研究文献回顾[J]. 管理世界,(6):158-167.

孟宣宇. 2013. 创业者领导行为、组织学习能力与新创企业竞争优势关系研究[D]. 吉林大学管理学院博士学位论文.

欧阳桃花. 2004. 试论工商管理学科的案例研究方法[J]. 南开管理评论,7(2):100-105.

潘绵臻,毛基业. 2009. 再探案例研究的规范性问题[J]. 管理世界,(2):92-100.

任荣,王涛. 2010. 基于知识演化的企业能力构建研究[J]. 研究与发展管理.4(22):39-44.

尚航标,黄培伦. 2010. 管理认知与动态环境下企业竞争优势:万和集团案例研究[J]. 南开管理评论,13(3):70-79.

苏敬勤,孙源远. 2010. 商业案例、教学案例和案例研究的关系[J],管理案例研究与评论,3(3):255-259.

王核成. 2012. 基于动态能力观的企业竞争力及其演化研究[D]. 浙江大学管理学院博士学位论文.

王璐. 2012. 新创企业网络位置、知识资源获取对企业竞争优势的影响机制研究[D]. 浙江工商大学硕士学位论文.

吴明隆.2009.结构方程模型——AMOS 的操作与应用[M].重庆大学出版社.

吴明隆.2010.问卷统计分析实务——SPSS 操作与应用[M].重庆大学出版社.

夏清华.2008.新创企业的成长:产业机会、行为资源与创业学习[J].经济管理,(3):36-41.

余红剑.2007.新创企业外部网络关系品质、内部能力与成长绩效研究[D].浙江大学博士论文.

余绍忠.2012.创业资源、创业战略与创业绩效关系研究——基于不同环境及组织结构的调节机制[D].浙江大学.

袁界平,吴忠.2006.创业新概念:战略视角下的创业行为[J].经济体制改革,(6)60-63.

张根明,陈才.2010.企业家能力对企业竞争优势的影响研究[J].中国软科学,(10).

张根明,陈才.2010.企业家能力对企业竞争优势的影响研究[J].中国软科学,(10):164-171.

郑素丽,章威,吴晓波.2010.基于知识的动态能力:理论与实证[J],3(28):405-411.

朱秀梅,陈琛,纪玉山.2010.基于创业导向、网络化能力和知识资源视角的新创企业竞争优势问题探讨[J].外国经济与管理,32(5):9-16.

朱秀梅,张妍,陈雪莹.2011.组织学习与新企业竞争优势关系——以知识管理为路径的实证研究[J].科学学研究,29(5):745-755.

0′Dell and Gtayson. 1998. A Current Review of Knowledge Management Best Praetiee, Conference on Knowledge Management and TheTransfer of Best Praetiee, Business Intelligence, London.

Agrawal R, Echambadi R, Franco A M, SarkarM. 2005. Knowledge transfer through inheritance: spinoutgenera - tion, development and survival[J]. Academy of Man – agement Journal, 47(4): 501 – 522.

Alavi,M. ,Leidner,D. 2001. Knowledge Management and Knowledge Management Systems: Conceptual Foundations and Researeh Issues,Mis Quartely.

Allee. V. . 1997. Principles of Knowledge Management[J]. Training and Development. ,51(11):71 – 74.

Barney JB. 1991. Firm resources and sustained competitive advantage. Journal of Management, 17(1):99 – 120.

Barney,J. B. ,1991. Firm resource and sustained competitive advantage. Journal of Management, 17:99 – 120.

BarneyJB. 1993. Firm resources and sustained competitive advantage[J]. Journal of Management 17:99 – 120.

Barringer B R,Jones F F. 2005. A Quantitive Content Analysis of the Characteristies of Rapid Growth Firms and Their Founders[J]. Journal of Business Venturing,,(20):663 – 687.

Bassi,L. , 1998. Harnessing The Power of Intellectual Capital, The Journal of Applied Manufacturing Systems, Sununer.

Beckman,T. J. 1999. Knowledge Management Handbook [M]. Boca Raton, Fla:CRCPress.

Bloodgood J M. 1997. Sustaining competitive advantage: the role of tacit knowledgein a resource – based perspective[D]. University of South Carolina.

Coulson Thomas C. 2004. The knowledge entrepreneurshipchallenge: moving on from knowledge sharing to knowl – edge creation and exploitation[J]. The LearningOrgani – zation, 11(1): 84 – 93.

De Luca LM, Atuahene – Gima K. 2007. Market knowledgedimensions and cross – Functional collaboration: exam – ining the different routes to product innovation perform – ance[J]. Journal of Marketing, 71 (1): 95 – 112.

DeSarbo, Benedetto, Michael Song, Sinha. 2005. Revisiting the Miles and

Snow Strategic Framework: Uncovering Inter-relationships between Strategic Types, Capabilities, Environmental Uncertainty and Firm Performance, Strategic Management Journal, V26, 4774.

E. Maise. 1998. Knowledge Management Takes Industry's center stage[J]. Computer Reseller News. :776.

Freeman, J, Carroll, G R. 1983. and Hannan, M T. The liability of newness: Age dependence in organizational death rates[J]. AmericanSociological Review, 48(5): 692-710.

Grant RM. 1996. Prospering in dynamically competitive environment Organizational capability as knowledge integration[J]. Organization Scienc. 7(4):375-387.

GrantRM. 1996. Prospering in dynamically-competitive en-vironments: organizational capability as knowledge inte-gration [J]. Organ Science, 7(4):375-387.

Greiner, L. E. 1972. Evolution and revolution as organisations grow[J]. Havard Business Review, 4(7/8):37-46.

Hanley S S. 1999. A culture built on sharing[J]. InformationWeek, 26(4): 16-18.

Heimeriks K H, Duysters G, Vanhaverbeke W. 2009. Learning Mechanisms and Differential Performance in AlliancePortfolios [J]. Strategic Organization, 5(4):373-408.

Helfat & Peteraf. 2003. The Dynamic Resource-based View: Capability Lifecycles. Strategic Management Journal, Octo-ber Special Issue 24: 997 1010.

Jansen JF, Vanden Bosch, VolberdaH. 2005. Managing po-tential and realized absorptive capacity: how do organ-izational antecedents matters? [J]. Academy of Management Journal, 48(6): 999-1015.

KALE P, SINGH H. 2007. Building Firm Capabilities Through Learning: The Role of the Alliance Learning Process in Alliance Capability and Firm-level Alliance

Success[J]. Strategic Management Journa,l 28(10): 981 – 1000.

Kusunokik, Nonaka Nagata. 1998. A Organizational capabilities in product development of Japanese firm A conceptual framework and empirical findings[J]. Organication Science. 9(6):699 – 718.

Lawrence P A. 2004. The Change Game: How today's global trends are shapingtomorrow's companies[M]. Kogan Page Limited.

Lewin, A. Y. and H. W. Volberda. 1999. Prolegomena on Coevolution: A Framework for Research on Strategy and New Organizational Forms[J]. Organization Science,,(10):519 – 534.

LICHTENSTEIN BM, BRUSH C G. How Do Resource BundlesDevelop and Change in New Ventures A DynamicModel andLongitudinalExploration[J]. Entrepreneurship Theory and Practice, 2001, 26(3): 37 – 58.

Malhotra. Y. 1998. Toward a Knowledge Ecology for Organizational White – Water[R]Keynote Presentation for Knowledge Ecology Fair 98:Beyond Knowledgy Management A Virtual Event on the Web.

Man, T. Y. , 2001, "Entrepreneurial Competencies and ThePerformance Of Small and Medium Enterprises In The Hong Kong Ser? vices Sector", Doctoral Paper Of The Hong Kong Polytechnic University.

McDougallP P, Robinson R B. 1990. New venture strategies: An empirical identification of eight/arche types0ofcompetitive strategies of entry [J]. Strategic Manage – ment Journal, 11(6): 447 – 467.

Mullins JW. 1996. Earley Crowth Decisions of Entrepreneurs The influence of Competeney and Prior Performance under Changing Market Conditions[J]. Journal of Business Venturing,(11):89 – 105.

Nonaka I Toyama R. 2000. KonnoN. SECI Ba and leadership a unified model of dynamic knowledge creation[J]. Long Range Planning,33(1):5 – 34.

Nonaka,I, Ryoko Toyama & Noboru Konno. 2000. SECI, Ba and Leadership:

a Unified Model of Dynamic Knowledge Creation [J]. Long Range Planning, February 33, 1, 5 -34.

Porter M E. 2006. On the importance of case research [J] Case Resarceh Journal, 26(1):1 -3.

Prahalad C K, Hamel G. 1990. The core competence of the corporation. Harvard Business Review, 68(3):79 -91.

Sandberg W. R. 1992. Strategic management potential contribution to a theory of entrepreneurship [J]. Entreprneurship Theory and Practice,16(3):73 -90.

Shane S. ,2003,A General Theory of Entrepreneurship:The Individual - Opportunity Nexus,Edward Elgar,Cheltenham,UK. Northampton,MA,USA.

Shane,S. A. & Venkataraman, S. 2000. The promise of entrepreneurship as a field of research[J]. Academy of Management Rewiew, ,25(1):217 -226.

Shane,S. A. 2000. Prior knowledge and the discovery of entrepreneurial opportunities[J]. Organization Science,11(4):448 -469.

ShenkarO, Li J. 1999. Knowledge search in international co - operative ventures [J]. Organization Science,, 10(2): 134 -143.

Siggelkow N. 2007. Persuasion with case studies[J]. Acadermy of ManagernenL Journal,, 50(1):20 -24.

Teece D J Pisano G. Shuen. 1997. A. Dynamic capabilities and strategic managemengt[J] Strategic Management Journal. 18:509 -533.

Teece D J. 1998. Capturing value from knowledge assets: thenew economy, markets for know - how, and intangibleassets [J]. California Management Review, 40 (3): 55 -79.

Vogel M A. 2005. Leveraging information technology competencies and capabilitiesfor a competitive advantage[D]. Graduate School of the University ofMaryland University College.

Vorhies,D. W. & Harker,M. 2000. The capabilities and performance advantages of market – driven forms：An empirical investigation［J］. Austalian journal of Management,，25(2)：145 – 171.

WalterA, AuerM, RitterT. 2006. The impactofnetwork ca – pabilities and entrepreneurial orientation on universityspin – off performance［J］. Journal of Business Ventu – ring, 21(4)：541 – 567.

Wang. AhmedP. K. 2007. Dynamic Capabilities：A review and research agenda［J］. International Journal of Management Reviews, 9(1)：31 – 51.

Weerawardena,J. 2003. The role of marketing capability in innovation – based competitive strategy［J］. Journal of strategic Marketing, 11(1)：15 – 35.

Weick K E. 2007. The generative properties of richness ［J］Academy of ManagernenL Journal, 50(1)：14 – 19.

West, G P, and Noel, T W. 2009. The impact of knowledge resources on new venture performance［J］. Journal of Small Business Manage – ment, 47(1)：1 – 22.

Widding L . 2005. Building entrepreneurial knowledge reser – voirs［J］. Journal ofSmallBusiness and Enterprise De – velopment, 12(4)：595 – 613.

Wiig. K. M. 1997. Knowledge Management：Where did it come from and where willit go?［J］. Expert Systems with Applications, July 13, 1, pp. 1 – 14.

Wiklund J, Shepherd D. 2003. Knowledge – based resources,entrepreneurial orientation, and the performance ofsmallandmedium – sized business［J］. Strategic-ManagementJournal 24(13)：1307 – 1314.

Wiklund J, Shepherd D. 2003. Knowledge – based resources,entrepreneurial orientation, and the performance of smallandmedium – sized business［J］. Strategic-ManagementJournal, 24(13)：1307 – 1314.

Wiklund, J, and Shepherd, D. 2003. Knowledge based resources, entrepreneurial orientation, and the performance of small and mediumOsized business［J］. Strategic Management Journal,, 24(13)：1 307 – 1 314.

Winter,SG. 2003. Understanding dynamic capabilities［J］. Strategic Management

Journal, 24(7): 991 – 995.

Wu eta. l 2009. Founding team and start – up competitive ad – vantage[J]. ManagementDecision, , 47(2): 345 – 358.

Yang J, Yu L. 2002. Electronic new product development – aconceptual framework [J]. Industrial Management + Data Systems. 102(3/4): 218 – 225.

Yli – RenkoH, Autio E, SapienzaH J. Social capita, lknowledge acquisitions, and knowledge exploitation inyoung technology – based firms[J]. Strategic Manage – ment Journa,l 2001, 22(6 /7): 587 – 613.

ZackM H. 1999. Developing a knowledge strategy [J]. Cal – iforniaManagementReview, 41(3): 125 – 145.

Zahra S A, George G. 2002. Absorptive capacity: a review, reconceptualization, and extension [J]. Academy ofManagementReview, 27(2): 185 – 203.

Zahra S A, George G. 2002. Absorptive capacity: a review, reconceptualization, and extension [J]. Academy of ManagementReview, 27(2): 185 – 203.

Zahra SA, Duane IR, HittM A. 2000. International expan – sion by new venture firms: international diversity, modeofmarket entry, technological learning, and perform – ance[J]. Academy ofManagement Journa,l 43(5): 925 – 950.

Zollo M, Winter S. G. 2002. Deliberate Learing and the Evolution of Dynamic Capabilities[J]. Organication Science,(13):339 – 351.

Zollo, M. & Winter, S. G. 2002. Deliberate learning and the evolution of dynamic capabilities[J]. Organization Science, 13(3):339 – 351.

Zollom, Winter S. 2002. Deliberate learning and the evolution of dynamic capabilities[J]. Organization Science,,13:339 – 351.